Gerhard Oetzmann

FORTRAN
für Ingenieure

Aus dem Programm Datenverarbeitung

Turbo Pascal für Ingenieure
von E. Hering und J. Rasch

FORTRAN für Ingenieure
von G. Oetzmann

Turbo Basic-Wegweiser für Microcomputer
von E. Kaier

Programmieren mit C
von D. Hermann

Programmieren mit FORTH
von K. McCabe

Entwerfen von Programmen
von G. Oetzmann

Software Engineering
von E. Hering

Datenfernübertragung
von P. Welzel

Digitale Datenverarbeitung
von H. Schumny

Gerhard Oetzmann

FORTRAN für Ingenieure

Eine Anleitung zum praktischen Gebrauch
mit Hinweisen für Leser mit BASIC-Kenntnissen

Mit zahlreichen Beispielen, Aufgaben und Lösungen

Friedr. Vieweg & Sohn Braunschweig / Wiesbaden

CIP-Titelaufnahme der Deutschen Bibliothek

Oetzmann, Gerhard:
FORTRAN für Ingenieure: eine Anleitung zum praktischen Gebrauch mit Hinweisen für Leser mit BASIC-Kenntnissen; mit zahlreichen Beispielen, Aufgaben und Lösungen / Gerhard Oetzmann. – Braunschweig; Wiesbaden: Vieweg, 1989
(Viewegs Fachbücher der Technik)
ISBN 978-3-528-04705-4

Der Verlag Vieweg ist ein Unternehmen der Verlagsgruppe Bertelsmann.

Umschlaggestaltung: Hanswerner Klein, Leverkusen

ISBN 978-3-528-04705-4 ISBN 978-3-322-91101-8 (eBook)
DOI 10.1007/978-3-322-91101-8

Vorwort

Im Bereich der technisch-wissenschaftlichen Computer-Anwendungen ist FORTRAN seit Jahren die am weitesten verbreitete Programmiersprache. Die FORTRAN-Norm wurde mehrfach überarbeitet. Dabei hat die Sprache ihren Charakter als problemlos nutzbare effiziente Formelsprache behalten. Hinzu kamen Elemente, die sich in jüngeren Sprachen bewährt haben, z.B. Sprachkonstrukte, die die strukturierte Programmierung unterstützen. Die Bedeutung von FORTRAN wird auch daran erkennbar, daß die Informatik-Grundausbildung für Ingenieure vieler Fachrichtungen sowohl an Fachhochschulen als auch an Technischen Hochschulen FORTRAN-Kurse einschließt.

Zahlreiche Bücher widmen sich der Sprache FORTRAN. Häufig haben sie den Charakter von Nachschlagewerken und eignen sich daher kaum für Anfänger. Andere bleiben zu elementar und lassen den Bezug zur Praxis vermissen, so daß sie allenfalls kurzzeitig von Nutzen sind. Daher wird hier der Versuch unternommen, FORTRAN so darzustellen, daß der Leser kontinuierlich vom Erlernen der Sprache bis zu ihrer professionellen Anwendung unterstützt wird.

Der Stoff wurde so gegliedert, daß relativ früh mit begleitenden Übungen an einem Rechner begonnen werden kann – und sollte. Der Anfänger wird durch Hinweise unterstützt, welche Abschnitte er beim ersten Durcharbeiten weglassen sollte. Veraltete Sprachelemente werden nicht detailliert erläutert. In den Zusammenfassungen sind sie dennoch teilweise mit aufgeführt, um den Leser zu unterstützen, der ältere Fortranprogramme bearbeiten muß.

Daher kann das Buch den Lernenden lange Zeit hilfreich begleiten. Zu diesem Zweck beschränkt es sich auch nicht auf die Darstellung von Fakten. Es sind – als solche leicht erkennbar – Warnungen und Ratschläge aufgenommen, die auf den Erfahrungen (eigenen und fremden) professioneller Softwareentwickler basieren.

Viele (vermutlich die Mehrheit) lernen FORTRAN nicht als erste Programmiersprache. Wegen des hohen Verbreitungsgrades von programmierbaren Taschenrechnern, Home- und Personal-Computern darf unterstellt werden, daß etliche Leser BASIC-Kenntnisse mitbringen. Um diesen Personen das Umlernen zu erleichtern, werden zusätzlich die wesentlichen Unterschiede zwischen BASIC und FORTRAN hervorgehoben.

Gerhard Oetzmann

Seevetal, im März 1989

Inhaltsverzeichnis

(Die mit * markierten Abschnitte sollten zunächst ausgelassen werden.)

1 Einleitung

Eine der grundlegenden Fähigkeiten von Digitalrechnern ist, Informationen speichern zu können. Der Benutzer kann sich gespeicherte Informationen mitteilen lassen. Er kann Speicherinhalte vorgeben und Anweisungen formulieren, die aus gespeicherten Informationen neue gewinnen und wiederum speichern. Wie läuft das im einzelnen ab?

Das Bit als kleinste Speichereinheit mit 2 unterscheidbaren Zuständen (meistens 0 und 1 genannt) ist für die gängigen Anwendungen eine unhandliche Größe. Die kleinste Einheit, die im Bereich numerischer Anwendungen angesprochen wird, ist vielmehr das Speicher*wort*. Es umfaßt eine Gruppe von Bits, wobei die Wortlänge vom Rechnerhersteller festgelegt wird. Verbreitet sind 32-Bit-Worte. Man findet aber auch Rechner mit 16-, mit 64-Bit-Worten und mit manch anderer Wortlänge. Die aktuelle Wortlänge seines Rechners braucht der Anfänger nicht zu wissen, aber er sollte sich einprägen, daß zum Speichern einer Zahl ein Wort benutzt wird – unabhängig vom Zahlenwert. Fast alle Rechner arbeiten mit fester Wortlänge. Sie können nur endlich viele Zahlen unterscheiden. Insbesondere gibt es eine größte darstellbare Zahl, deren Wert man in der Regel aber auch nicht wissen muß.

Will man auf ein Speicherwort zugreifen, muß man seine Lage im Speicher, seine Platzadresse kennen. Die damit verbundene Verwaltung der Speicherplätze mußte in den Kinderjahren der EDV vom Programmierer erledigt werden. In FORTRAN (und anderen Programmiersprachen) hingegen werden die Plätze symbolisch adressiert über sog. *Variablen*. Der Variablenname entspricht der Adresse. Verschiedene Namen bedeuten verschiedene Speicherplätze. Die auf dem jeweiligen Platz stehende Information wird als Variablenwert bezeichnet. Die Zuordnung der Variablen zu konkreten Speicherplätzen wird automatisch erledigt.

Nicht numerische Informationen können auf sog. *Stringvariablen* (auch CHARACTER-Variablen genannt) abgelegt werden. Diese werden grundsätzlich genauso gehandhabt wie die numerischen Variablen, belegen aber nicht starr ein Speicherwort. Wir werden in Kapitel 6 näher darauf eingehen.

Speicherplatzinhalte lassen sich auf drei Arten erzeugen:

mit einer Wertzuweisung
mit einer Leseanweisung
durch Initialisierung.

Beispiele von *Wertzuweisungen* in FORTRAN sind:

```
B = - A/2
W = SQRT (R + 7)
K = K + 1
```

Im 1. Beispiel soll der Wert der Variablen A genommen, durch 2 dividiert, das Vorzeichen gewechselt und das Ergebnis auf dem Platz der Variablen B gespeichert werden. Im 2. Beispiel wird der Inhalt des Platzes R ermittelt, 7 hinzugezählt, die Quadratwurzel gezogen und der Variablen W zugeordnet. Im 3. Beispiel wird der Wert der Variablen K um 1 erhöht: Hole den Wert von K, addiere 1, speichere bei K.

Als allgemeingültig für diesen Anweisungstyp darf schon hier notiert werden, daß links vom Gleichheitszeichen der Speicherplatz genannt wird, der einen neuen Wert erhalten soll. Der alte Wert wird dabei zwangsläufig zerstört; denn jede Variable hat zu jedem Zeitpunkt genau einen Wert. Rechts vom Gleichheitszeichen steht die Angabe, wie der zu speichernde Wert ermittelt wird.

Die folgende *Leseanweisung* ermöglicht dem Benutzer, die Inhalte der Variablen X und Y nach seinem Willen festzulegen.

```
READ *, X, Y
```

Wenn diese Anweisung ausgeführt wird, muß der Benutzer 2 Zahlen eingeben, die erste wird auf dem Platz X, die zweite auf Y gespeichert.

Die allgemeine Form der *listengesteuerten* Eingabe über die Tastatur ist

```
READ *, Liste
```

Hierbei wurde unterstellt, daß dem allgemeinen Brauch folgend die Eingabetastatur des Benutzers als „Standardeingabedatei" festgelegt wurde. In der Liste der READ-Anweisung werden die Namen der Variablen genannt, die durch den Lesevorgang mit Werten versorgt werden sollen. Treten mehrere Namen auf, müssen sie durch Kommas getrennt werden.

Wenn das READ ausgeführt wird, muß der Benutzer soviel Eingabewerte liefern, wie Namen in der Leseliste stehen. Die Zuordnung erfolgt der Reihe nach: 1. Wert an 1. Variable, 2. Wert an 2. Variable usw. Dabei muß der Benutzer stets auf den richtigen Datentyp achten. Er darf nicht etwa einer numerischen Variablen (z. B. X) eine Literalkonstante (z. B. 'ENDE') zuordnen wollen. Auch die Daten dürfen durch Kommas getrennt werden, erlaubt und wegen der besseren Lesbarkeit vorzuziehen ist aber auch die gegenseitige Abgrenzung der Daten durch eine oder mehrere Leertasten (blank).

Stellen wir noch einmal heraus, daß über die Werte der in der READ-Anweisung genannten Variablen X und Y nicht entschieden wird, wenn die Leseanweisung formuliert, sondern erst wenn sie ausgeführt wird.

Anders verhält es sich bei der *Initialisierung*. Mit

```
DATA KLEIN, KLAUS/5,6/
```

erhalten die Variablen KLEIN und KLAUS stets die Anfangswerte 5 bzw. 6.

Die in den letzten Beispielen aufgeführten Zeilen sind zwar korrekte FORTRAN-Anweisungen, ein Computer könnte sie aber nicht unmittelbar ausführen. Zunächst wäre zu erörtern, wie er derartige Zeilen speichern kann, wofür doch letztlich nur die Bits mit ihren zwei Zuständen 0 oder 1 nutzbar sind.

Die Speicherung der Zeichen geschieht nach einem vom Rechnerhersteller festgelegten Code. Jedem darstellbaren Zeichen entspricht eine individuelle Folge von Nullen und

Einsen. Verbreitet sind 8-Bit-Codes, d.h. zur Verschlüsselung wird jeweils eine Folge von 8 Dualziffern (0,1) genommen, so daß im Computer 8 Bit (auch 1 Byte genannt) für ein Zeichen belegt werden. Der Übergang von der externen in die interne Zeichendarstellung geschieht automatisch. Welchen Code der Rechner dabei benutzt, braucht man in der Regel nicht zu wissen. Entsprechendes gilt für die Speicherung von Zahlenwerten, die intern natürlich auch nur mit Dualziffern dargestellt werden. Auch hier ist bis auf weiteres entbehrlich, Einzelheiten der internen Darstellung zu kennen.

Wie kann der Rechner veranlaßt werden, FORTRAN-Zeilen entgegenzunehmen und zu speichern? Bei den Rechnern aus den 50er und 60er Jahren wurden dafür Lochkarten benutzt. Jede Karte trug eine Anweisung. Die Karten wurden in der erforderlichen Reihenfolge hintereinandergelegt und über einen Kartenleser in den Computer eingespeist. Inzwischen ist es allgemein üblich, an dialogfähigen Arbeitsplätzen zu programmieren. Diese bestehen meistens aus einem Bildschirm und einer Tastatur. Außerdem wird ein *Editor*(-Programm) benötigt, da FORTRAN (anders als etwa BASIC) keinen Editor enthält. Derartige Programme werden vom Rechnerhersteller bereitgestellt. Sie können Textdateien aufbauen und verändern. In der Regel sind sie sprachneutral, so daß sie sich zur Bearbeitung beliebiger Texte eignen, daher aber auch nicht das Einhalten der FORTRAN-Sprachregeln überprüfen können. Deshalb empfiehlt sich besondere Sorgfalt bei der Eingabe von FORTRAN-Zeilen in den Editor.

Bevor man sein erstes FORTRAN-Programm erproben kann, muß man sich einige Kenntnisse über den Editor verschaffen. Neben dem Starten des Editors benötigt man mindestens folgende Leistungen:

- Anlegen einer neuen Datei
- Ansprechen einer alten Datei
- Speichern (sichern) einer Datei
- Einfügen einer Zeile (bzw. einzelner Zeichen)
- Ändern einer Zeile (bzw. einzelner Zeichen)
- Löschen einer Zeile (bzw. einzelner Zeichen)
- Verlassen des Editors

Die entsprechenden Kommandos findet man im Editorhandbuch.

Nachdem mit Hilfe des Editors ein FORTRAN-Programm in den Computer eingegeben worden ist, kann dieses noch immer nicht unmittelbar ausgeführt werden. Der zur Speicherung genutzte Code ist dafür ungeeignet.

Die Anweisungen müssen in *Maschinensprache* vorliegen, damit der Rechner sie ausführen kann. Dazu ist eine Übersetzung des Programms von der rechnerunabhängigen FORTRAN-Fassung in die rechnerspezifische Maschinensprachen-Fassung nötig. Die Übersetzung wird vom *Compiler*(-Programm) erledigt, das auch die eventuell vorhandenen Verstöße gegen die Sprachregeln anzeigt (z.B. A:2 statt A/2). Falls keine Fehler vorliegen, werden in einem weiteren Aufbereitungsschritt die verschiedenen Programmeinheiten (Hauptprogramm, Standardroutinen, individuelle Unterprogramme) miteinander zu einem ladefähigen Programm verknüpft. Das ist Aufgabe des *Link*(-Programms), das auch eventuell vorhandene Verknüpfungsfehler anzeigt (z.B. Aufruf eines nicht vorhandenen Unterprogramms). Erst danach kann das Programm ausgeführt werden.

Man muß also auch einiges von der Kommandosprache des Rechners wissen, bevor man das erste FORTRAN-Programm zum Laufen bringt:

- Starten des Editors
- Starten des Compilers
- Starten des Linkers
- Starten des ladefähigen Programms.

Die entsprechenden Kommandos stehen im Benutzerhandbuch des Rechners. Eventuell sind weitere Kommandos zwingend nötig. In jedem Fall ist ein Mehrfaches an Kommandos vorhanden. Dem Anfänger und auch dem Amateurprogrammierer wird aber geraten, es vorerst bei dem notwendigen Minimum zu belassen. Sein primäres Ziel sollte sein, aktuelle Probleme mit (neuen oder alten) FORTRAN-Programmen zu lösen und nicht, die ganze Kommandosprache zu beherrschen. Als erste Übung sollte versucht werden, das Programm aus Bild 1.1 in einen Rechner einzugeben, aufzubereiten und zu benutzen. Es berechnet den Abstand vom Koordinatenursprung zu Punkten der Ebene, deren (kartesische) (x,y)-Koordinaten eingegeben werden (s. Bild 1.2).

Das Lesekommando für die beiden Koordinaten wurden oben schon angesprochen. Für die Ausgabe des Ergebnisses sorgt die Zeile

```
PRINT *, 'ABSTAND IST', D
```

```
      PRINT *,'Abstandsberechnung'
      PRINT *,'Gib Koordinaten oder  0 0'
      READ *,X,Y
      DOWHILE (X.NE.0 .OR. Y.NE.0)
        D = SQRT (X**2 + Y**2)
        PRINT *,' Abstand ist ',D
        PRINT *,'Gib Koordinaten oder  0 0'
        READ *,X,Y
      ENDDO
      END


********** Falls  DOWHILE und  ENDDO  nicht zum Sprachumfang gehoeren:

      PRINT *,'Abstandsberechnung'
      PRINT *,'Gib Koordinaten oder  0 0'
      READ *,X,Y
 7    IF ( X.NE.0 .OR. Y.NE.0) THEN
        D = SQRT (X**2 + Y**2)
        PRINT *,' Abstand ist ',D
        PRINT *,'Gib Koordinaten oder  0 0'
        READ *,X,Y
        GOTO 7
      ENDIF
      END
```

Bild 1.1 Programm zur Abstandsberechnung

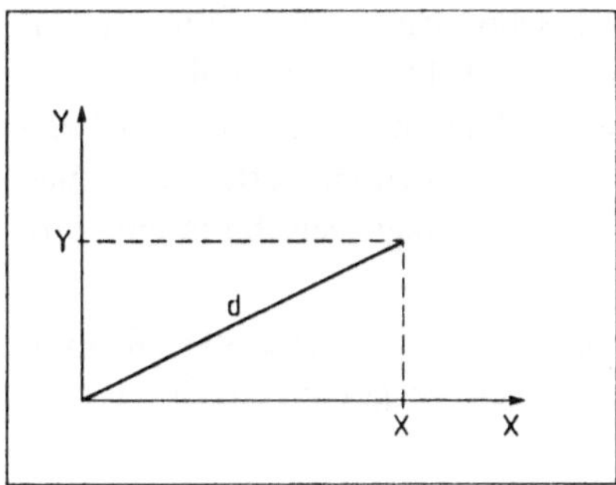

Bild 1.2
Abstand vom Ursprung

In einer solchen *Schreibeanweisung* muß man die Namen der Variablen nennen, an deren Wert man interessiert ist. Man sollte sich jedoch rechtzeitig angewöhnen, es nicht allein beim Wert zu belassen. Es gehört auch erläuternder Text hinzu, wie etwa die Bedeutung der Zahl, ihre physikalische Einheit o.ä. In der hier verwendeten *listengesteuerten* Ausgabeanweisung werden die entsprechenden *Literalkonstanten* (das sind von je einem Hochkomma begrenzte Zeichenfolgen) mit in die Ausgabeliste geschrieben.

Einige Anbieter decken nicht das gesamte Norm-FORTRAN ab. Sollte das obige PRINT-Kommando abgelehnt werden, ist eine der Varianten aus Kapitel 4 zu nehmen.

Um die Abstandsberechnung für mehrere Punkte zu ermöglichen, wurde das Programm als Schleife ausgelegt. Die Anzahl der zu bearbeitenden Punkte ist unbegrenzt. Da kein Bedarf besteht, das Zahlenpaar X = 0, Y = 0 als „echten" Datensatz zu behandeln, konnte es für Steuerungszwecke genutzt werden. Wenn der Benutzer dieses Zahlenpaar eingibt, wird die Schleife verlassen und das Programmende erreicht.

Falls – wie z.B. auf einigen PCs – die Befehlsarten DOWHILE und ENDDO nicht zum Sprachumfang gehören, kann das Programm mit der „Block-IF"- und einer Sprunganweisung (hier: GOTO 7) codiert werden, wie im unteren Teil von Bild 1.1 demonstriert.

Vor dem übertriebenen Gebrauch von Sprunganweisungen soll schon hier gewarnt werden. Viele Sprünge gehen zu Lasten der Lesbarkeit eines Programmes. Wer konsequent das Ziel verfolgt, nicht nur richtige, sondern auch gut strukturierte Programme zu erstellen, kann und sollte ohne GOTO-Anweisung arbeiten, es sei denn, ihm steht das DOWHILE nicht zur Verfügung.

Was ist ein Programm? Dieser Begriff wurde mehrfach benutzt und soll kurz erörtert werden. Die DIN 44300 definiert *Programm* als „Eine zur Lösung einer Aufgabe vollständige Anweisung zusammen mit allen erforderlichen Vereinbarungen". Darin ist das Wort Anweisung als umfassende Arbeitsvorschrift zu verstehen. Die in einer höheren Programmiersprache (z.B. in FORTRAN) formulierte Version wird als *Quellenprogramm* bezeichnet. Ein kleines Beispiel ist in Bild 1.1 gezeigt. Dieses Programm berechnet Abstände. Ein anderes ungleich komplexeres Beispiel ist das FORTRAN-Compilerprogramm. Seine Hauptaufgabe ist, FORTRAN-Statements in Maschinensprache zu übertragen.

FORTRAN-Programme können mehrere *Programmeinheiten* enthalten. Bild 1.1 enthält eine Einheit des Typs MAIN. Daneben gibt es noch die Typen FUNCTION und SUBROUTINE. Hierauf gehen wir in Kapitel 2 und 7 näher ein.

Einfache Programme, wie das aus Bild 1.1, lassen sich schon bei geringer Programmiererfahrung ohne besondere Vorarbeiten niederschreiben. Sobald aber komplexere Probleme zu bearbeiten sind, ist ein mehrstufiges Vorgehen üblich und sinnvoll. Dabei empfiehlt es sich, den Lösungsweg zuerst in sprachneutraler Form zu entwerfen. Hält man ihn nach kritischer Betrachtung noch immer für korrekt, überträgt man ihn in eine Programmiersprache, z. B. FORTRAN.

Eine Darstellungsform für Lösungwege ist das *Struktogramm*. Bild 1.3 zeigt die dabei verwendeten Symbole. Bild 1.4 enthält das Struktogramm zu dem Programm aus Bild 1.1.

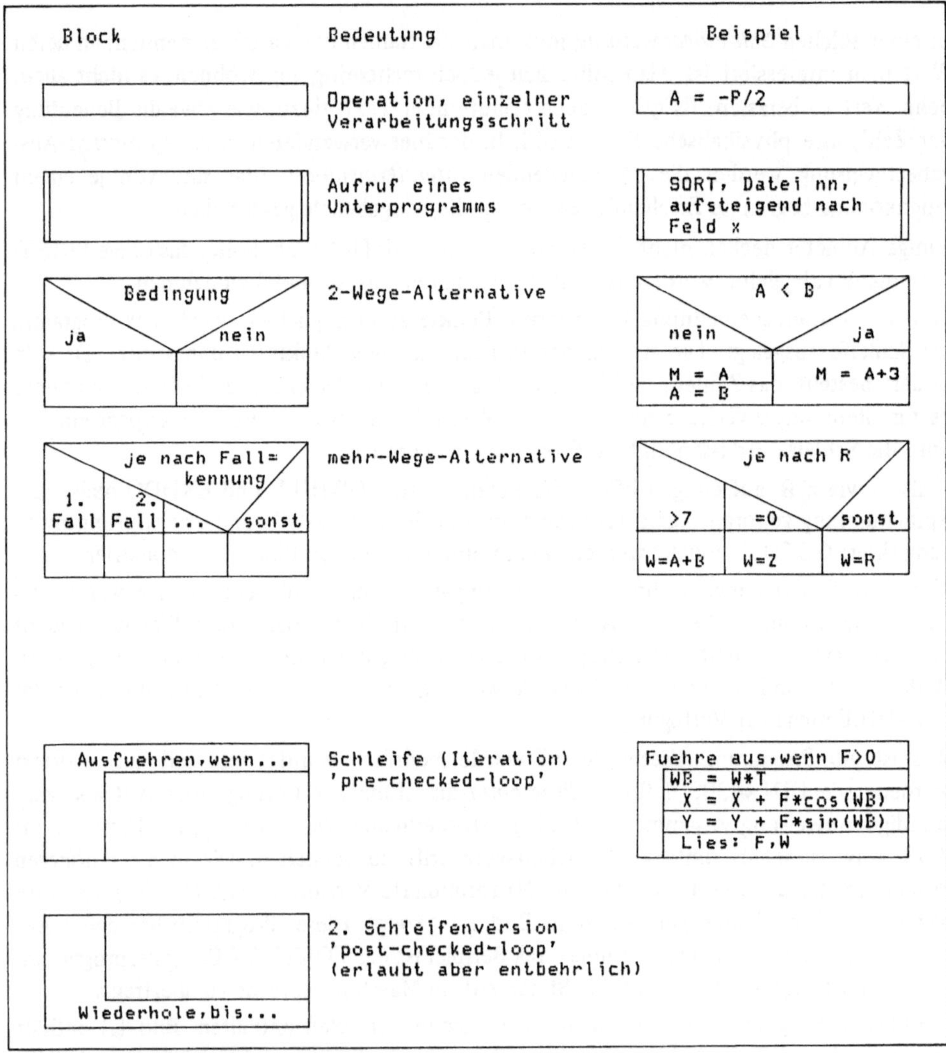

Bild 1.3 Strukturblöcke für Struktogramme [8]

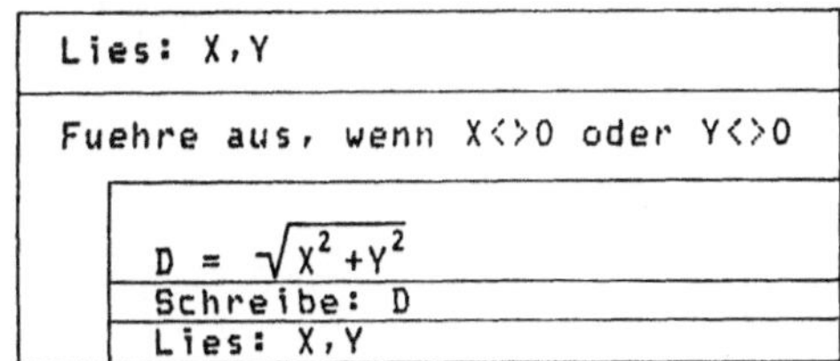

Bild 1.4
Struktogramm zur Abstandsberechnung

Das Entwerfen von Struktogrammen wird hier nicht erörtert, der Leser kann sich dazu beispielsweise in [5] informieren. Ziel dieses Buches ist, die Programmiersprache FORTRAN soweit vorzustellen, wie sie die Masse der techn.-wiss. Programmierer heute nutzt.

Zuvor noch einige Hinweise für den Leser! Wer sich schwerpunktmäßig mit einem Teilgebiet (z. B. Steuerung) befassen will, sieht sich das entsprechende Kapitel an. Dort findet er alle i. a. erforderlichen Informationen. In seltenen Ausnahmefällen, wenn wirklich die „ganze Wahrheit" benötigt wird, sollte zusätzlich die Sprachnorm [7] zur Hand genommen werden. Die FORTRAN-Handbücher der Hersteller können nicht generell als allgemein gültige Informationsquelle dienen, da sie Abweichungen zur Sprachnorm nicht immer klar herausstellen.

Der Anfänger benötigt weniger, als in den einzelnen Kapiteln aufgeführt. Deshalb sollte er die mit einem '*' markierten Abschnitte übergehen und zum nächsten Kapitel vorrücken. Wer BASIC-Erfahrung hat, sollte zuvor noch die am Kapitelende zusammengestellten Unterschiede zwischen BASIC und FORTRAN ansehen. Die zunächst ausgelassenen Passagen werden später in einem zweiten Durchgang erarbeitet. Die Zusammenfassungen in Kapitel 9 sind für Leser mit einiger Programmiererfahrung gedacht. Hier ist nicht nur der Stoff der voraufgegangenen Kapitel komprimiert, sondern in knapper Darstellung wurden soviele Informationen über weitergehende Sprachmöglichkeiten hinzugenommen, wie der Autor im Rahmen dieses Buches für vertretbar hielt.

2 Formaler Programmaufbau

In der Einleitung wurde der Begriff „Programm“ inhaltlich erläutert. Daneben gilt die mehr formale Erklärung, daß die Gesamtheit der Programmeinheiten, die dem Linkprogramm in einem Aufruf vorgelegt werden, ein *Programm* bilden. Bei jedem vernünftigen Programm, selbst bei dem aus Bild 1.1, treten mehrere Programmeinheiten auf. Teilweise werden sie aus Bibliotheken abgerufen. So stellt z. B. SQRT den Namen einer FUNCTION dar, die vom Link mit dem MAIN aus Bild 1.1 verknüpft werden muß.

Sehen wir uns jetzt an, nach welchen Regeln *Programmeinheiten* aufgebaut werden. Betrachten wir dabei zunächst den Typ MAIN, der in jedem Programm genau einmal auftreten muß. Für die anderen Programmeinheiten gelten teilweise abweichende Regeln, die in Kapitel 7 erörtert werden.

2.1 Anordnungsvorschriften

FORTRAN-Statements gliedern sich in die beiden Klassen „ausführbar“ und „nichtausführbar“. Zu den ausführbaren zählen u. a. die Arten Wertzuweisung, READ, PRINT, IF, GOTO und END. Als Beispiel nicht ausführbarer Statements trat bislang DATA auf.

Die ausführbaren Anweisungen einer Programmeinheit werden später von vorn her der Reihe nach abgearbeitet. Bei ihrem Niederschreiben ist daher darauf zu achten, daß die tatsächliche Ausführungsreihenfolge mit der geplanten (z. B. als Struktogramm vorliegenden) übereinstimmt. Abgesehen von sehr einfachen Beispielen bleibt meistens etwas Ermessensspielraum. Wenn dasselbe Struktogramm von verschiedenen Personen korrekt in FORTRAN übertragen wird, sind deren Programme nicht zwangsläufig deckungsgleich.

Im Interesse einer guten Lesbarkeit des Quellenprogramms sollte aber die Blockstruktur aus dem Struktogramm unbedingt in die FORTRAN-Fassung abgebildet werden. Anfang und Ende eines jeden Strukturblockes sollten durch je eine waagerechte zwischen 2 Zeilen verlaufende Linie markierbar sein. Zwischen diesen Begrenzungslinien werden alle ausführbaren Anweisungen codiert, die in dem Block vorgesehen waren. Hinzufügen darf man nichtausführbare Statements (z. B. FORMAT), aber keine ausführbaren Anweisungen aus anderen Strukturblöcken. Bei größeren Programmen ist es sinnvoll, die Grenzen wesentlicher Blöcke durch eingeschobene Kommentarzeilen (s. Abschnitt 2.3) optisch hervorzuheben.

Zwingend vorgeschrieben ist END als letzte Zeile jeder Programmeinheit. An diesem Statement erkennt der Compiler deren Ende. Dadurch werden noch einige Kontrollen ausgelöst und der Übersetzungsvorgang abgeschlossen. Falls dem END weitere Statements folgen, werden diese als separate Programmeinheit angesehen. Der Compiler beginnt mit neutralisierten Arbeitsbereichen. Weder die Variablen noch die Label noch sonst irgendetwas aus der vorangegangenen Programmeinheit sind ihm dabei bekannt.

END ist nicht nur physisches Ende jeder Programmeinheit, diese Anweisung beendet später auch deren Ausführung. Wird das END des MAIN erreicht, bedeutet das das Ende des Programmlaufes. Diese Wirkung ließe sich auch mit STOP erreichen. Wird hingegen das END eines Unterprogramms erreicht, stellt sich die Wirkung der RETURN-Anweisung ein: Rückkehr ins rufende Programm unmittelbar hinter die Stelle, von der der Aufruf des Unterprogramms erfolgte. END gilt als ausführbare Anweisung und darf mit einem Label versehen sein.

Bei der Anordnung der nichtausführbaren Anweisungen hat der Programmierer deutlich mehr Freiheiten. Diese sollten aber nicht genutzt werden. Empfohlen wird folgende Reihung, sofern die einzelnen Anweisungsarten überhaupt auftreten:

Kopfzeile
Implizite Typvereinbarungen
Sonstige Vereinbarungen und PARAMETER-Anweisungen
DATA-Anweisungen
Definition von Formelfunktionen
Ausführbare (und FORMAT-) Anweisungen
END

In jedem Fall müssen alle Deklarationen vor der ersten ausführbaren Anweisung erfolgen. Bild 2.1 zeigt den maximalen Freiraum bei der Anordnung der verschiedenen Anweisungsarten.

<table>
<tr><td rowspan="5">Kommentar</td><td colspan="3">PROGRAM, FUNCTION, SUBROUTINE, BLOCKDATA</td></tr>
<tr><td rowspan="4">FORMAT</td><td rowspan="2">PARAMETER</td><td>IMPLICIT</td></tr>
<tr><td>sonstige Vereinbarungen</td></tr>
<tr><td rowspan="2">DATA</td><td>Definition von Formelfunktionen</td></tr>
<tr><td>ausführbare Anweisungen</td></tr>
<tr><td colspan="4">END</td></tr>
</table>

Bild 2.1 Vorgeschriebene Reihenfolge der verschiedenen Anweisungsarten

2.2 FORTRAN-Zeile

Jede Programmeinheit besteht aus FORTRAN-Zeilen. Normalerweise steht in jeder Zeile ein Statement. Verboten ist, mehr als ein Statement in eine Zeile zu setzen. Hingegen darf sich ein Statement über mehrere aufeinander folgende Zeilen erstrecken. In jeder Zeile muß die in Bild 2.2 dargestellte Feldeinteilung beachtet werden. Innerhalb der Felder darf man die Eintragungen frei plazieren. Im Hinblick auf einen guten optischen

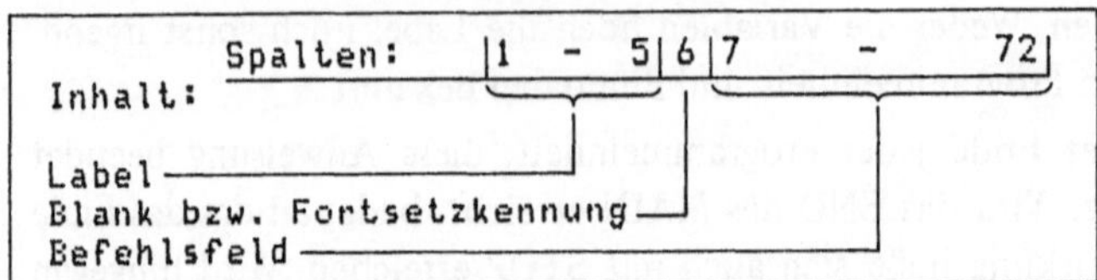

Bild 2.2
Aufbau der FORTRAN-Zeile

```
Spalten: |1...5|6|7.......
         |17   | |K = K+1

          ist gleichwertig zu

         |17   | |K =
         |     |X|K+
         |     |1|1

          und z. B. auf VAX - Rechnern zu

         |17 [TAB] K =
         |[TAB] 2    K+
         |[TAB] 1     1
```

Bild 2.3
Beispiel für Fortsetzungszeilen

Eindruck der Programme sollte diese Freizügigkeit nicht zu sehr genutzt werden. Empfohlen wird, in den Feldern jeweils linksbündig zu schreiben. Zur Betonung der Programmstruktur sollten bestimmte Passagen (z. B. Schleifenkörper) etwas eingerückt werden.

Statements, auf die von anderswo direkt verwiesen wird, müssen einen *Label* tragen. Es sind dies:

Ziel einer Sprunganweisung
FORMAT
Ende einer DO-Schleife

Andere ausführbare Anweisungen dürfen mit einem Label versehen werden. Eine Sortierfolge muß dabei nicht beachtet, sondern nur die Eindeutigkeit innerhalb der einzelnen Programmeinheiten gewährleistet werden.

Als Label sind vorzeichenlose Zahlen zwischen 1 und 99999 erlaubt.

Statements dürfen an einer beliebigen Position unterbrochen und in der nächsten Zeile fortgesetzt werden. Diese *Fortsetzungszeile* darf keinen Label und muß als Fortsetzungskennung (Spalte 6) ein von Null und Blank verschiedenes Zeichen tragen (s. Bild 2.3).

Wenn auch pro Statement bis zu 19 Fortsetzungen erlaubt sind, sollte davon nur sehr zurückhaltend Gebrauch gemacht werden. Meist ist die Aufteilung auf eine Folge separater Statements vorzuziehen, weil sie vom Programmierer leichter zu lesen ist.

Bei modernen Bildschirm-Editoren und darauf abgestimmten Compilern werden die Felder der FORTRAN-Zeile oft mit Hilfe einer Tabulatortaste angesteuert, anstatt Spalten abzuzählen. Die Konventionen sind firmenabhängig, z. B. gilt unter VAX-VMS:

Mit der TAB-Taste (spätestens nach Spalte 5) wird an den Anfang des Befehlsfeldes vorgerückt. Steht unmittelbar hinter TAB eine der Ziffern 1 bis 9, gilt diese Zeile als Fortsetzungszeile.

2.3 Kommentarzeile

Über den Anfang der FORTRAN-Zeilen wurde bislang gesagt, daß die Positionen 1 bis 5 entweder leer bleiben oder eine Zahl zwischen 1 und 99999 (jeweils einschließlich) tragen. Darüberhinaus ist gestattet, in die erste Stelle den Buchstaben C oder einen Stern (*) zu setzen. Derartig markierte Zeilen werden vom Compiler ignoriert. Folglich ist auch die in Abschnitt 2.2 genannte Feldeinteilung für sie bedeutungslos. Sie gehören natürlich zum Quellenprogramm, das dadurch optisch gegliedert werden kann, etwa durch eine ganz mit Sternen gefüllte Zeile als Abschluß wesentlicher Programmteile. Außerdem eignen sich die (C,*)-Zeilen für Hinweise an den Programmierer. Betonen wir noch einmal, daß diese *Kommentarzeilen* nur für den menschlichen Leser des Quellenprogramms gedacht sind.

2.4 Unterschiede zu BASIC

BASIC	Stichwort	FORTRAN
In einigen Dialekten dürfen Befehlskennwörter abgekürzt werden	Abkürzung	Befehlskennwörter werden ausgeschrieben
Meist mehrere Anweisungen in einer Zeile	Anzahl von Anweisungen pro Zeile	Jede Anweisung beginnt in einer eigenen Zeile
Ende der Ausführung	END	Letzte Zeile jeder Programmeinheit
Kein Bedarf	Feldeinteilung innerhalb der Zeile	Spalte 1-5 für Label, 6 für Fortsetzungskennung, 7-72 für Befehl
REM oft auch hinter Anweisungen erlaubt	Kommentar	Eigene Zeile, C oder * in Spalte 1
Zeilennummern (geordnet) dienen auch als Sprungadressen	Label	Sprungadresse. Darf immer, aber sollte nur bei Bedarf vergeben werden. Keine Ordnungsvorschrift
Keine Vorschrift	Schlußzeile	END
Programmunterbrechung, Ausführung kann fortgesetzt werden	STOP	Ende der Ausführung
Meist mehrere Anweisungen	Zeileninhalt	Eine bzw. Teil einer Anweisung
Sprungadresse und Sortierfeld	Zeilennummer	Kein Sprachbestandteil. Hilfsmittel zur Verständigung mit einigen Editoren

3 Arithmetik

Bei der Schaffung der Programmiersprache FORTRAN stand der Wunsch im Vordergrund, techn.-wiss. Berechnungen durch Computer ausführen zu lassen. Seither wurde die Sprache mehrfach erweitert, z.B. um einen verbesserten Zugriff auf Dateien und um (eine eher elementare Form von) Textverarbeitung. Dabei hat sich der Charakter der Sprache jedoch kaum verändert. FORTRAN ist nach wie vor besonders geeignet, wenn Probleme mit Berechnungen größeren Umfangs anstehen. Sehen wir uns an, welche Sprachelemente dafür genutzt werden.

3.1 Wertzuweisung

In der Einleitung wurde diese Anweisungsart schon kurz angesprochen. Sie ist von der Form

Variable = Ausdruck

und bewirkt, daß der rechts vom Gleichheitszeichen stehende Ausdruck ausgewertet und das Ergebnis der vor dem Gleichheitszeichen stehenden Variablen zugewiesen wird. Die Leistung dieser Befehlsart wird mit

„Ergibt sich aus"-Anweisung

sicher treffender charakterisiert, doch dieses Wortungetüm ist in der Literatur kaum gebräuchlich.

▶ ***Beispiele***

Anweisung	Wirkung
KR8=L*8-L/8	Den Wert von L einmal mit 8 multiplizieren, einmal durch 8 teilen, das 2. vom 1. Ergebnis abziehen und die Differenz auf KR8 speichern.
DB=KNOW+HOW	Die Inhalte der Plätze KNOW und HOW addieren und die Summe der Variablen DB zuweisen.
VAU=WEH	Den Wert von WEH auch auf Platz VAU ablegen.
PI=ACOS(-1.)	Die Arcuscosinusfunktion an der Stelle -1 auswerten (Ergebnis ist π) und der Variablen PI den Funktionswert zuweisen.
T2=SIN(3*A)-B**4	Mit dem 3fachen Wert der Variablen A in die Sinusfunktion gehen, vom Funktionswert die 4. Potenz des Wertes von B abziehen und das Ergebnis auf T2 speichern.
Q=(A+B)/C	Die Summe aus A und B wird durch C geteilt, das Ergebnis bei Q gespeichert. ◀

Der Ausdruck hinter dem Gleichheitszeichen darf eine komplizierte Formel sein, es reicht aber auch ein einzelner Term. Als Operanden können neben Konstanten (s. 3.2) und Variablen (s. 3.3) auch *Funktionsrufe* auftreten. Bei diesen schreibt man hinter den Funktionsnamen das in runde Klammern eingeschlossene Argument, das seinerseits wiederum ein Ausdruck sein darf. Bei Funktionen von mehreren Veränderlichen müssen zwischen den Klammern soviel durch Kommas getrennte Aktualparameter genannt werden, wie in der Definition der Funktion vorgesehen sind (Beispiel eines ATAN2-Aufrufs: ATAN2(3*Y,X+2)).

```
FORTRAN          Bedeutung / Bemerkung
--------------------------------------

ABS (X)          |x|
EXP (X)          e hoch x
LOG (X)          ln x
LOG10 (X)        log x zur Basis 10
SIGN (X,Y)       |x| * Signum y
SQRT (X)         2. Wurzel aus x

SIN (X)          sin x , Argument in Bogenmass
COS (X)          cos x , Argument in Bogenmass
TAN (X)          tan x , Argument in Bogenmass

ASIN (X)         arcsin x ,  Ergebnis in Bogenmass
ACOS (X)         arccos x ,  Ergebnis in Bogenmass
ATAN (X)         arctan x ,  Ergebnis in Bogenmass
ATAN2 (Y,X)      arctan y/x, Ergebnis in Bogenmass

SINH (X)         sinh x
COSH (X)         cosh x
TANH (X)         tanh x

INT (X)          [x]  Truncation, nicht naechstkleinere/gleiche ganze Zahl !!!
AINT (X)         wie INT, aber Ergebnis in REAL-Darstellung
NINT (X)         nearest INTEGER  = [ X + SIGN (0.5 , X) ]
ANINT (X)        wie NINT, aber Ergebnis in REAL-Darstellung
MOD (K,M)        Divisionsrest =    K - [K/M]*M

MAX(A1,...An)    groesste Zahl, mindestens 2 Argumente
MIN(A1,...An)    kleinste Zahl, mindestens 2 Argumente
DIM (A1,A2)      A1-MIN(A1,A2)

IFIX  (x)        Convertierung nach INTEGER
FLOAT (X)        Convertierung nach REAL
REAL  (X)        Convertierung nach REAL
DBLE  (X)        Convertierung nach DOUBLE PRECISION
CMPLX (X)        Convertierung nach COMPLEX

...... bis hier 'Generic'-Funktionen, Rest ist 'Specific' ............

LEN (STR)        (Deklarations-) Laenge eines Strings
INDEX(STR,TS)    Anfangsposition des Teilstrings TS im String STR (ggf. 0)
ICHAR (S)        Nr. des Zeichens 'S' in der Codetabelle    (Rechner-abhaengig)
CHAR (N)         Zeichen aus der N-ten Position der Codetabelle     "

LGE (ST1,ST2)  lexikalischer Vergleich  ST1 >= ST2  ( Der Vergleich erfolgt
LGT (ST1,ST2)  lexikalischer Vergleich  ST1 >  ST2  ( Rechner-unabhaengig
LLE (ST1,ST2)  lexikalischer Vergleich  ST1 <= ST2  ( auf der Basis von ASCII
LLT (ST1,ST2)  lexikalischer Vergleich  ST1 <  ST2  ( Ergebnis ist LOGICAL

AIMAG (C)        Imaginaerteil der komplexen Zahl c
CONJG (C)        konjugiert komplexer Teil der komplexen Zahl c
```

Bild 3.1 Standardfunktionen

Wenn ein Ausdruck zwei oder mehr Operanden enthält, müssen diese durch Operationszeichen verknüpft sein. Insonderheit ist darauf zu achten, das Multiplikationszeichen stets zu schreiben, das in der mathematischen Formeldarstellung oft weggelassen wird. Zusätzlich sind Paare runder Klammern gestattet, mit denen die Auswertungsreihenfolge gesteuert werden kann.

Zu FORTRAN gehört ein Sortiment von *Standardfunktionen* (Bild 3.1). Die meisten sind im Gegensatz zu FORTRAN IV nicht auf einen einzigen Argumenttyp beschränkt. Sinnvolle Argumente werden bewältigt. Das gilt für die im oberen Teil des Bildes aufgeführten Funktionen bis einschließlich CMPLX. Diese Funktionen werden als „generic" bezeichnet. Die restlichen erfordern jeweils einen bestimmten Argumenttyp, der aus der Erklärung in Bild 3.1 hervorgeht.

■ *Aufgabe 3-a* Berechnung der Kreisfläche

Bei gegebenem Radius r berechnet sich die Kreisfläche nach der Formel $A = \pi r^2$. Der Lösungsweg für dieses kleine Problem ist in Bild 3.2 als Struktogramm dargestellt. Es wurde das gleiche Grundkonzept gewählt, wie bei dem einführenden Programmbeispiel (Bilder 1.1 und 1.4). Nach dem Start des Programms können die Flächen für beliebig viele Kreise berechnet werden. Das Programmende wird durch Eingabe des Radius 0 erreicht. Negative Radien werden ignoriert.

Es muß also das Struktogramm in FORTRAN übertragen werden. Sodann ist nachzuweisen, daß es richtig arbeitet. Testfall 1: Zu Radius 1 sollte das Ergebnis 3.1415926 erscheinen, wobei die Anzahl der Ziffern hiervon abweichen darf. Der Leser sollte weitere Testfälle überlegen.

Wer analog zu den Bildern 1.1 und 1.4 vorgeht, hat gute Aussichten, diese Aufgabe zu lösen. ■

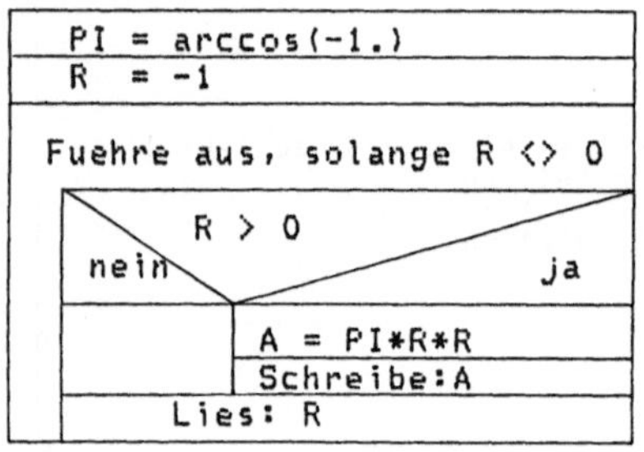

Bild 3.2
Struktogramm zur Kreisflächenberechnung

3.2 Konstante

In FORTRAN sind standardmäßig zwei Zahlarten verfübar: INTEGER und REAL. Sie haben verschiedene interne Darstellungsformen, woraus ein wesentlicher Qualitätsunterschied resultiert!

INTEGER-Zahlen werden immer exakt erfaßt. Beim Übergang vom externen Zahlsystem auf die interne Dualzahl tritt keinerlei Schwund auf. Auch die Verknüpfung von INTEGER-Werten ergibt stets exakte INTEGER-Werte. (Achtung: Abweichung zur Mathematik, Näheres s. 3.4)

Etwas anders liegt es im REAL-Bereich. Die intern gespeicherte duale Form kann der externen Dezimalzahl exakt entsprechen, es können aber auch geringfügige Abweichungen auftreten. Schon harmlose Zahlen (z. B. 0,3) lassen sich nicht mit endlich vielen Dualziffern schreiben und mithin nicht exakt als Dualzahl speichern. Ein entsprechender Effekt kann bei der Verknüpfung von REAL-Zahlen auftreten. Daher dürfen interne REAL-Zahlen grundsätzlich nur als Näherungen des korrekten Zahlenwertes angesehen werden.

Nun zur Schreibweise der Zahlen!

INTEGER-Kontante werden als Folge von Dezimalziffern geschrieben, der ein Vorzeichen vorangestellt sein darf.

► *Beispiele*

7 ǀ + 7 ǀ 007 ǀ – 1001

Die ersten 3 Beispiele stellten eine positive Zahl 7 dar. ◄

Zahlen ohne Vorzeichen gelten also als positiv, führende Nullen haben keine Bedeutung. INTEGER-Zahlen entsprechen den „ganzen Zahlen" aus der Mathematik. Der einzige Unterschied liegt darin, daß jeder Computer nur endlich viele verschiedene INTEGER-Werte unterscheiden kann und es mithin eine größte INTEGER-Zahl gibt.

REAL-Kontante werden als Folge von Dezimalziffern mit einem Dezimalpunkt geschrieben, der ein Vorzeichen vorangestellt und ein Dezimalexponent angefügt sein darf. Der als INTEGER-Kontante zu schreibende Exponent wird vom Ziffernteil der Zahl (der Mantisse) durch den Buchstaben E abgegrenzt. Wird ein Exponent angegeben, ist der Punkt in der Mantisse unnötig.

► *Beispiele*

0.5 ǀ 000.50 ǀ +.5 ǀ – 17.4 ǀ – 1001.
3.14 ǀ 3.14E0 ǀ 0.0314E2 ǀ 0314E–2

Die ersten drei Beispiele entsprechen der positiven Zahl 0,5.

In der 2. Reihe der Beispiele sind Varianten der Zahl π mit je drei gültigen Ziffern aufgeführt. Sie zeigen u. a., daß der fehlende Punkt als zwischen der Mantisse und E stehend angenommen wird. ◄

Zahlen ohne Vorzeichen gelten wiederum als positiv. Führende Nullen im ganzzahligen Teil der Mantisse haben auch hier keine Bedeutung.

Die Zahl „minus Tausendundeins" ist sowohl bei den Beispielen von INTEGER- als auch von REAL-Zahlen aufgeführt. Es soll betont werden, daß sich ihre internen Darstellungen unterscheiden!

In vielen Situationen ist es allerdings unbedeutend, ob eine vom Wert her ganze Zahl in der Form einer INTEGER- oder REAL-Kontanten geschrieben wird. In seltenen Fällen, die unten entsprechend hervorgehoben werden, ist ein bestimmter Zahltyp erforderlich, so daß der Programmierer den Dezimalpunkt dann bewußt setzen oder bewußt weglassen muß.

REAL-Zahlen stellen eine Teilmenge der „reellen Zahlen" aus der Mathematik dar. Würden die REAL-Zahlen, die ein Computer darstellen kann, auf der reellen Zahlengeraden markiert, ergäben sich endlich viele Punkte, die teils recht dicht nebeneinander, teils aber ziemlich weit entfernt von ihren Nachbarn liegen. Natürlich gibt es auch eine größte

REAL-Zahl. Diese Unterschiede zu den reellen Zahlen erscheinen manchem vielleicht gravierend, trotzdem eignen sich REAL-Zahlen für fast das ganze Spektrum von Berechnungsproblemen.

■ *Aufgabe 3-b* Auf verschiedene Art sollen zum einen die INTEGER-Konstanten und zum anderen die REAL-Konstanten markiert werden.

E35 | 3E5. | 3E + 5 | 3 * E5 | 3 * 10 ** 5 | 3E5
88 | 1,414 | 10↑2 | – 3. | –.3 | –.03E + 01
2.8 | 1,5 * 10↑2 | – 174 | 17/4 ■

3.3 Variable

Zahlen, deren Wert bei der Programmerstellung nicht festliegt oder deren Wert sich während der Programmausführung verändert, werden vom Programmierer mit einem Namen versehen. Soll die fragliche Zahl in einer Anweisung verwendet werden, setzt man ihren Namen dort in die Anweisung, wo man den Wert benutzen will. Übliche Sprechweise für dieses indirekte Festlegen von Zahlen: Benutzung einer Variablen.

Eine Variable ist ein Speicherplatz. Er trägt zu jeder Zeit genau einen Wert. Wenn der Programmierer schon bei Konstanten deren interne Darstellung bestimmt, wird es nicht wundern, daß er auch die Form festlegt, nach der *Variablenwerte* gespeichert werden.

Jeder Name beginnt mit einem Buchstaben. Ist dieser führende Buchstabe I, J, K, L, M oder N, erhält der Name den Zahltyp INTEGER, alle anderen Namen repräsentieren REAL-Größen. (Abweichungen von dieser Standardfestlegung s. Kap. 6). Auf den weiteren Positionen darf der Name Buchstaben oder Ziffern enthalten, insgesamt jedoch höchstens 6 Zeichen lang sein.

► *Beispiele*

NT, M8, MIST, I
DIE, W1TUBE, BR8E, P8

Die erste Reihe zeigt INTEGER-, die zweite REAL-Namen. ◄

Jeder nach den obigen Regeln gebildete Name darf in FORTRAN 77 als *Variablenname* benutzt werden. Erlaubt sind auch Namen, die als Schlüsselwort in einer FORTRAN-Anweisung auftreten, wie END, GOTO, IF, STOP u.a.m. Da das die Lesbarkeit beeinträchtigt, sollten derartige Namen nicht genutzt werden. Sinnvoll ist hingegen, solche Namen zu vergeben, die einen Rückschluß auf die Bedeutung der jeweiligen Variablen zulassen.

Wegen der weitreichenden Bedeutung soll schon hier darauf hingewiesen werden, daß in FORTRAN grundsätzlich nur lokale Variablen auftreten. Wer eine Programmeinheit schreibt, die mit einer anderen zusammenarbeiten soll, muß nicht wissen, welche Namen dort verwendet werden. Die entsprechenden Speicherplätze sind ihm nicht zugänglich. Das ist darin begründet, daß der Compiler jede Programmeinheit separat übersetzt. Seine Tätigkeit ist unabhängig davon, welche Programmeinheiten er vorher übersetzt und welche Namen er dort gesehen hat. Den Variablen der aktuellen Programmeinheit ordnet der Compiler Speicherplätze zu, die Anweisungen überträgt er in die Maschinensprache, die FORMATe stellt er in eine Tabelle ein und pflegt noch einige weitere. Bei Erreichen des END-Statements setzt er dies alles hintereinander und bildet damit die Maschinensprachenfassung der jeweiligen Programmeinheit, die er gegen das Umfeld streng abgrenzt. Auf die Kommunikation zwischen derartigen Teilprogrammen wird in Kapitel 7 eingegangen.

▪ *Aufgabe 3-c* Was sind Variablennamen, welchen Zahltyp haben sie?

OHNE I 2FEL I WERDEN I DEN I 1AMEN I AM I KL1TEN I
KLA4 I DER I N8BAR I W8ELN I 9AUGEN I UND I 11EN I SER4T I
ZEIGT I 1ICHT! I H11T I DAS I ER3CH I VON I 4SEN I
S8 I MIT I DEM I 3ZACK I ZU I DURCH7 I ▪

3.4 Rechenoperatoren

Für die Verknüpfung numerischer Größen stehen die 4 Grundrechenarten sowie die Potenzbildung zur Verfügung. Hinsichtlich der Ausführungsreihenfolge gelten natürlich die aus der Mathematik bekannten Vorrangregeln. Falls im Einzelfall von der sich daraus ergebenden Reihenfolge abgewichen werden soll, wird das durch einklammern der vorrangig zu berechnenden Teilausdrücke erreicht. Bild 3.3 zeigt die Schreibweise der Operatoren und deren hierarchische Anordnung.

Rechenart	FORTRAN-Schreibweise	Rang
	( )	0
potenzieren	**	1 (rechts vor links)
multiplizieren	*	2 (links)
dividieren	/	2 (vor rechts)
addieren	+	3 (links)
subtrahieren	-	3 (vor rechts)

Bild 3.3 Arithmetische Operatoren, Reihenfolge bei der Auswertung arithmetischer Ausdrücke

► ***Beispiele***

Ausdruck	FORTRAN-Schreibweise
$4{,}3\,a + x^3$	4.3 * A + X ** 3
$\frac{x-u}{7} + \sqrt{r-2}$	(X – U)/7 + SQRT (R – 2)
$\frac{a+b}{4\,(a-b)}$	(A + B)/(4 * (A – B)) ◄

Die Wirkung der Vorrangregelung wollen wir an einem Teil des ersten Beispiels erläutern. Die Variable A steht zwischen den Operatoren * und +. Wie Bild 3.3 ausweist, hat der * Vorrang, so daß A mit 4.3 multipliziert, ehe später einmal die Addition ausgeführt wird.

Sehen wir uns nun die Situation an, in der gleichrangige Operatoren um einen Operanden konkurrieren. Wenn in

A / B * C

die Division Vorrang hat, bedeutet der Ausdruck

$\frac{a}{b}c$ und nicht $\frac{a}{bc}$,

was sich bei Bevorzugung der Multiplikation ergeben hätte. In diesem Sinne ist der Hinweis „links vor rechts" bei den Operatoren der Ränge 2 und 3 zu verstehen. Praktische Bedeutung hat diese Aussage übrigens nur bei der hier vorgestellten Konstellation; denn bei einem anderen Zusammentreffen gleichrangiger Operatoren aus den Stufen 2 und 3 ist die Auswertungsreihenfolge ohne Einfluß auf das Ergebnis – jedenfalls bei exakter Berechnung. So sind z. B.

(A + B) – C und A + (B – C) gleichwertig.

Die „rechts vor links"-Regelung für Stufe 1 stellt sicher, daß „a hoch b hoch c", also

a^{b^c} als A ** B ** C

codiert werden kann. Hätte auch hier der linke Operator Vorrang, ergäbe sich bekanntlich eine andere Bedeutung:

(A ** B) ** C entspricht a^{bc}.

Soweit bislang erörtert, werden die arithmetischen Ausdrücke in FORTRAN unter genauer Beachtung der mathematischen Regeln ausgewertet. Es gibt jedoch mit der sog. *Integerdivision* eine Abweichung von diesen Regeln, die manchem kurios anmuten mag. In FORTRAN ergibt die arithmetische Verknüpfung zweier INTEGER-Werte immer ein INTEGER-Ergebnis. Sofern die korrekte Berechnung einen nicht ganzzahligen Anteil ergeben hätte, wird dieser weggeschnitten. Das ganzzahlige Ergebnis wird also nicht durch Rundung gewonnen! Dieser Schneideeffekt kann nicht nur bei der Division auftreten, sondern auch bei Potenzierung mit negativem Exponenten.

► ***Beispiele***

FORTRAN-Ausdruck	Ergebnis
9/4	2
11/4	2
5/4.	1.25
3 ** (– 2)	0
1/3 ** 2	0

◄

Das 3. Beispiel zeigt, wie leicht die Integerdivision umgangen werden kann. Sobald Zähler oder Nenner nicht vom Typ INTEGER sind, wird wieder „normal" dividiert.

Dieses Beispiel repräsentiert zugleich einen *mixed-mode-Ausdruck*. Die Bildung von Ausdrücken, in denen sowohl INTEGER- als auch REAL-Operanden (und andere Arten, s. Kap. 6) auftreten, ist erlaubt. Andererseits verfügt der Rechner über keinen Maschinenbefehl etwa der Art „addiere INTEGER zu REAL", sondern nur über typenreine Formen wie „addiere INTEGER zu INTEGER" oder „addiere REAL zu REAL". Damit mixed-mode-Ausdrücke trotzdem auswertbar werden, fügt der Compiler Typ-Konvertierungs-befehle ein. Bei Bedarf wird entsprechend der Typanordnung

INTEGER → REAL → DOUBLEPRECISION → COMPLEX

der weiter links stehende Typ in den weiter rechts stehenden konvertiert, so daß dann für den arithmetischen Operator 2 Operanden gleichen Typs bereitstehen. Bei der Berechnung von 5/4. wird zuerst die INTEGER-Konstante 5 in die gleichwertige (aber intern anders dargestellte) REAL-Konstante 5. umgewandelt und anschließend die REAL-Division 5./4. ausgeführt.

Die bei der Berechnung von mixed-mode-Ausdrücken erforderlichen Konvertierungen benötigen natürlich – wenn auch nur sehr wenig – Rechenzeit. Soll man mixed-mode deshalb vermeiden?

Der Rat des Autors ist, der FORTRAN-Programmierer möge sich um mixed-mode nicht sorgen, sondern seine Ausdrücke so schreiben, wie sie ihm aus der Feder fließen. Schon ein kurzes Nachdenken verbraucht oft mehr Personalkosten als jemals über geringere Laufkosten wieder hereingeholt werden kann. Auf den heute verfügbaren Rechnern ist die Laufzeit der Programme grundsätzlich kein kritischer Punkt. Anstatt diese minimieren zu wollen, sollte vorrangig auf eine klare Programmstruktur geachtet werden. Diese macht sich meist schon bei der ersten Überarbeitung bezahlt – und das auch im wörtlichen Sinne.

■ *Aufgabe 3-d* Was sind Wertzuweisungen, wie ist ihre Wirkung?

```
X = U
X - X = Ø
T2 = K - K
(A + B) ** 2 = A ** 2 + 2 * A * B + B ** 2
```

Aufgabe 3-e Das axiale Flächenmoment 2. Ordnung für einen rechteckigen Balken der Breite b und Höhe h berechnet sich nach der Formel

$$I = \frac{b * h^3}{12}$$

Es ist ein Programm zu schreiben, das die Balkenmaße einliest und das Moment ausgibt.

Aufgabe 3-f Zu einem bekannten Ohmschen Widerstand R_1 soll ein solcher parallel geschaltet werden, daß sich ein vorgegebener Gesamtwiderstand ergibt.

$$\frac{1}{Rgesamt} = \frac{1}{R_1} + \frac{1}{R_2}$$

Ein Programm soll R_1 und Rgesamt einlesen (Achtung: Rgesamt $< R_1$ wählen) und R_2 ausgeben. ■

*3.5 Interne Zahldarstellung

In Abschnitt 3.2 wurde schon auf einen wesentlichen Qualitätsunterschied zwischen den maschineninternen INTEGER- und REAL-Zahlen hingewiesen: INTEGER-Zahlen werden exakt erfaßt, bei REAL-Zahlen kann eine geringfügige Abweichung zur externen dezimalen Zahl auftreten. Wer das verstehen will, muß sich mit den Grundzügen der Zahldarstellung in Digitalrechnern befassen.

Maschineninterne Zahlen sind Dualzahlen, also Zahlen zur Basis 2. In diesem Zahlsystem werden die zwei Ziffern 0 und 1 benötigt. (Im gewohnten Dezimalsystem mit der Basis 10 sind bekanntlich die zehn Ziffern 0, 1, 2, ..., 9 erforderlich.) Die Zahlen werden in beiden Systemen als Ziffernfolgen geschrieben, die verschiedenen Positionen in der Folge sind unterschiedlich gewichtet.

► *Beispiele*

Dezimal 1 8 8 0 = $1 \cdot 10^3 + 8 \cdot 10^2 + 8 \cdot 10^1 + 0 \cdot 10^0$
Dezimal 1 2 , 5 = $1 \cdot 10^1 + 2 \cdot 10^0 + 5 \cdot 10^{-1}$
Dezimal 1 0 0 1 = $1 \cdot 10^3 + 0 \cdot 10^2 + 0 \cdot 10^1 + 1 \cdot 10^0$
Dual 1 0 0 1 = $1 \cdot 2^3 + 0 \cdot 2^2 + 0 \cdot 2^1 + 1 \cdot 2^0$ ($\hat{=}$ Dezimal 9)
Dual 1 1 0 0 ,1 = $1 \cdot 2^3 + 1 \cdot 2^2 + 0 \cdot 2^1 + 0 \cdot 2^0 + 1 \cdot 2^{-1}$ ($\hat{=}$ Dezimal 12,5) ◄

Sofern man sich auf natürliche Zahlen beschränkt, ist die Umrechnung einer dezimalen Zahl in die entsprechende duale und umgekehrt eindeutig möglich:

$$\sum_{i=0}^{m} a_i\, 10^i = \sum_{i=0}^{n} b_i\, 2^i, \; a_i = \text{Dezimalziffer}, \quad b_i = \text{Dualziffer}, \quad a_m \neq 0, \quad b_n \neq 0$$

Die Null bietet keine Probleme: Dezimal 0 $\hat{=}$ Dual 0. Für negative Zahlen wäre im Grunde nur zusätzlich das negative Vorzeichen mitzuführen.

Die Abbildung der dualen Ziffernfolgen und des Vorzeichens auf eine Folge von Bits im Rechner ist nicht durch die FORTRAN-Norm vorgeschrieben. Hier kann daher nur das Prinzip erläutert werden. Wir unterstellen einen Rechner, der 32 Bits pro Zahl belegt. Das erste Bit ist für das Vorzeichen reserviert. Steht es auf 1, ist die Zahl negativ. Die restlichen 31 Bits enthalten die Ziffern zu den Potenzen 2^{30} bis 2^0. Damit ergibt sich als maximaler INTEGER-Wert die Bitfolge 0 gefolgt von 31 Einsen, das ist $\sum_{i=0}^{30} 2^i = 2^{31} - 1$.

Negative INTEGER-Zahlen werden nun nicht einfach so dargestellt, daß das Vorzeichenbit auf 1 gesetzt und anschließend die Ziffernfolge für den (positiven) Betrag der Zahl gespeichert wird. Stattdessen wird das „Zweierkomplement" gespeichert, das ist hier die Bitfolge, die sich ergibt, wenn von $1 \cdot 2^{32}$ der Betrag der negativen Zahl subtrahiert wird. Bild 3.4 zeigt Beispiele interner Verschlüsselungen von INTEGER-Zahlen, wobei der Leser bedenken möge, daß hier nur eine prinzipielle Darstellung gegeben wird, reale Rechner können davon abweichen.

Wenden wir uns nun den REAL-Zahlen zu. Die REAL-Null wird genau wie die INTEGER-Null gespeichert: alle 32 Bits werden auf 0 gesetzt. Von 0 verschiedene Zahlen werden

```
Integerbeispiele

Vorzeichenbit                                          Wert
I                                      2**3
I  2**28                               I  2**0
I  I                                   I  I
0000 0000 0000 0000 0000 0000 0000 1001           9
1111 1111 1111 1111 1111 1111 1111 0111          -9
0111 1111 1111 1111 1111 1111 1111 1111      2**31 - 1
1000 0000 0000 0000 0000 0000 0000 0001     -2**31 + 1
1000 0000 0000 0000 0000 0000 0000 0000     -2**31
1111 1111 1111 1111 1111 1111 1111 1111          -1


Realbeispiele (dual)

Vorzeichenbit
I
I        letzte Stelle der Charakteristik
I        I
0100 0010 0100 1000 0000 0000 0000 0000            12.5
1100 0000 0000 0000 0000 0000 0000 0000            -0.5
0011 1111 1001 1001 1001 1001 1001 1010             0.3
0100 0000 1000 0110 0110 0110 0110 0110             1.05


Realbeispiele (hexadezimal)

81C80000                                           12.5
C0800000                                           -0.5
804CCCCD                                            0.3
8110CCCD                                            1.05
```

Bild 3.4 Prinzip der 32-Bit-Zahldarstellung

vor der Speicherung durch Multiplikation mit einer geeigneten Zweierpotenz so normalisiert, daß 2^{-1} die Ziffer 1 erhält und keine größeren Zweierpotenzen auftreten. Die Zahlen sind dann von der Form

$$\pm 2^k \sum_{i=1}^{l} b_i 2^{-i}, \quad b_1 \neq 0$$

► *Beispiele*

Dezimal	normalisiert Dual
12,5	$2^4 * 0{,}11001$
0,5	$2^0 * 0{,}1$
− 0,25	$-2^{-1} * 0{,}1$
0,3	$2^{-1} * 0{,}1001\overline{1001}$
1,05	$2^1 * 0{,}1000011001\overline{1001}$

◄

Zu speichern sind das Vorzeichen der Zahl, der Exponent der vorangestellten Zweierpotenz und die Mantisse (das ist die Ziffernfolge $b_1 b_2 b_3 \ldots$). Üblicherweise werden 24 Ziffern der dualen Mantisse mitgenommen, d.h. die gespeicherten REAL-Zahlen sind von der Form

$$\pm 2^k \sum_{i=1}^{24} b_i 2^{-1}, \quad b_1 \neq 0$$

Würden die 24 Ziffern der Mantisse tatsächlich gespeichert, blieben 7 Bits für den Exponenten. Da die Mantissen der von Null verschiedenen Zahlen stets mit 1 beginnen, kann auf die Speicherung dieser Ziffer verzichtet werden, so daß 8 Bits für den Exponenten zur Verfügung stehen. Dieser Bereich muß etwa je zur Hälfte für positive und negative Exponenten genutzt werden. Das geschieht aber nicht in Anlehnung an die INTEGER-Darstellung. Vielmehr wird die sogenannte Charakteristik gespeichert, das ist hier der um 128 erhöhte Exponent.

$$\begin{aligned} 0 &\leqslant \text{Charakteristik} \leqslant 255 \text{ entspricht also} \\ -128 &\leqslant \text{Exponent} \leqslant 127 \end{aligned}$$

Damit sind Zahlen bis ca. 10^{37} erfaßbar.

In Bild 3.4 sind auch einige Beispiele interner REAL-Zahlen aufgeführt. Sie belegen, daß schon harmlos aussehende Zahlen wie 0,3 oder 1,05 intern nicht exakt erfaßt werden können. Wenn, wie bei diesen beiden Zahlen, mehr als 24 Ziffern in der normalisierten Dualmantisse auftreten, entscheidet die 25. Ziffer, ob aufgerundet ($b_{25} = 1$) oder abgerundet ($b_{25} = 0$) wird.

Der relative Fehler, mit dem interne REAL-Zahlen behaftet sein können, ist eine halbe Einheit der letzten erfaßten Stelle, also $1/2 \cdot 2^{-24}$. Das ist ca. $3 \cdot 10^{-8}$.

Der Typ DOUBLEPRECISION unterscheidet sich von REAL dadurch, daß für die Speicherung weiterer Ziffern der Mantisse ein zweites Speicherwort genutzt wird. Statt 24 werden dann 56 duale Ziffern erfaßt, was einen relativen Fehler von ca. $7 \cdot 10^{-18}$ bedeutet.

Neben der bislang erläuterten rein dualen Form sei noch eine Variante interner REAL-Zahlen angesprochen, die mit hexadezimalen Zahlen (Basis 16) arbeitet. Dann werden die von Null verschiedenen Zahlen normalisiert zu

$$\pm 16^m \sum_{i=1}^{n} h_i 16^{-i}, \quad h_1 \neq 0$$

Zur Darstellung einer Hexadezimalziffer (Werte zwischen 0 und 15, Schreibweise 0 bis 9, A, B, C, D, E, F) werden 4 Bits benötigt. Auf 24 Bits lassen sich also 6 Hexadezimalziffern unterbringen, die verbleibenden 7 Bits für die Charakteristik reichen für Exponenten zwischen -64 und 63. Die Betragsobergrenze 16^{63} entspricht etwa 10^{75}, der relative Fehler der Mantisse beträgt wie oben ca. $3 \cdot 10^{-8}$. Bild 3.4 zeigt auch für diese Variante der Darstellung von REAL-Zahlen einige Beispiele.

3.6 Unterschiede zu BASIC

BASIC	Stichwort	FORTRAN
Nach den Regeln der Mathematik.	Division	Meist nach den Regeln der Mathematik. Bei Integerdivision gilt der ganzzahlige Teil des wahren Quotienten als Ergebnis.
Global. Bei erstmaligem Auftreten wird einem Variablennamen ein Speicherplatz zugeordnet. Von allen (GOSUB-)Unterprogrammen her wird dieser Platz durch Nennung seines Namens angesprochen.	Gültigkeitsbereich von Variablen	Lokal. Gleichnamige Variablen aus verschiedenen Programmeinheiten belegen verschiedene Speicherplätze.
Besteht meist aus höchstens 2 Buchstaben oder Ziffern. Das erste Zeichen muß ein Buchstabe, das zweite darf oft nur eine Ziffer sein. Kennworte der Sprache sind als Namen verboten.	Variablenname	Besteht aus bis zu 6 Buchstaben oder Ziffern. Das erste Zeichen muß ein Buchstabe sein.
Bei einigen Dialekten hängt die interne Darstellung von der Größenordnung der Zahlen ab, d. h. INTEGER und REAL sind nicht scharf getrennt.	Variablentyp	Der Variablenname bestimmt den Typ. Von der Standard-Typfestlegung kann durch spezielle Vereinbarungen abgewichen werden. Jedem Typ entspricht eine bestimmte Form der internen Datendarstellung.

4 Ein- und Ausgabe

Wenn während der Programmausführung Daten aus dem Programm auf den Bildschirm (allgemein: in eine Datei) übertragen werden, spricht man von schreiben oder *Ausgabe*. Umgekehrt ist mit lesen oder *Eingabe* die Versorgung des laufenden Programms mit Daten von der Tastatur her (allgemein: aus einer Datei) gemeint.

Tastatur und Bildschirm werden bei der Rechnerinstallation meist als Standardein- bzw. ausgabedatei festgelegt. Sie können mit recht einfachen FORTRAN-Anweisungen angesprochen werden. Im weiteren unterstellen wir einen derart konfigurierten Rechner. Für die Kommunikation zwischen dem Programm und beliebigen Dateien sind weitergehende Angaben nötig, auf die ab Abschnitt 4.3 eingegangen wird.

4.1 Tastatur und Bildschirm

Programme sollten bedient werden können, ohne daß der Benutzer das Quellenprogramm (Liste der FORTRAN-Anweisungen) vor Augen hat. Daher muß auf dem Bildschirm angezeigt werden, welche Aufgabe das Programm löst, und vor allem, welche Eingabewerte erwartet werden. Die Ausgabe derartiger Meldungen erfolgt durch Kommandos der Form

```
PRINT *, 'Text der Anzeige'
```

► *Beispiele*

```
PRINT *, 'ABSTANDSBERECHNUNG, VERSION VOM 1.4.''86'
PRINT *, 'GIB KOORD.PAAR ODER 0,0'
```
◄

Der gewünschte Text wird in Hochkommas eingeschlossen. Eine derartige Zeichenfolge hießt *Literalkonstante*. Soll sie ein Hochkomma enthalten, müssen dafür zwei nebeneinanderstehende Hochkommas in die Konstante eingestellt werden.

► *Beispiele*

Literalkonstante	Ausgabe als
'LAENGE'	LAENGE
'1.4.''86'	1.4.'86

◄

Mit der PRINT-Anweisung können nicht nur konstante Texte, sondern auch Zahlen, wie etwa der momentane Wert der Variablen D ausgegeben werden.

► *Beispiele*

```
PRINT *, D
PRINT *, 'ABSTAND IST ', D
```
◄

Die erste Fassung ist zwar richtiges, aber meistens schlechtes FORTRAN. Die Ausgabe einer nackten Zahl sagt dem Benutzer des Programms zu wenig. Man sollte sich angewöhnen, stets auch etwas erläuternden Text hinzuzufügen.

Im PRINT-Befehl dürfen auch mehrere Variablen angesprochen werden. Dazu werden ihre Namen hinter dem Stern aufgeführt und von diesem sowie gegeneinander durch Kommas getrennt. Die Ausgabe der Werte erfolgt in standardisierter Form nebeneinander. Falls der Platz nicht reicht, wird in der nächsten Zeile fortgesetzt.

Fassen wird die Schreibregeln für die Anweisung zur *listengesteuerten Standard-Ausgabe* zusammen:

- Sie hat die allgemeine Form
  PRINT *, Schreibeliste
  oder
  WRITE (*,*) Schreibeliste
- Die Schreibeliste enthält durch Kommas getrennte Ausdrücke beliebiger Datentypen.
- Die Schreibeliste darf fehlen, dann wird eine Leerzeile ausgegeben. Die Anweisung lautet dann
  PRINT *
  oder
  WRITE (*,*)

Wenn Variablen von der Tastatur her mit Werten versorgt werden sollen, wird dafür eine Anweisung für die *listengesteuerte Eingabe* programmiert:

READ *, Leseliste
- Die Leseliste enthält durch Kommas getrennte Variablennamen.
- Auch die Leseanweisung kann verkürzt werden zu
  READ *

▶ ***Beispiel***

```
READ *, RE, ICH, LI, CH
```
◀

Der Benutzer muß soviel Daten liefern, wie die Anzahl der in der Leseliste aufgeführten Variablen beträgt. Die Werte werden den Variablen der Reihe nach zugeordnet. Er darf seine Daten auf einen oder mehrere Datensätze verteilen. Die Daten eines Satzes werden durch Leerzeichen getrennt. Zusätzlich müssen die Daten mit dem Typ der Empfängervariablen verträglich sein:

Variablentyp	zul. Datentyp
INTEGER	INTEGER
REAL	REAL, INTEGER
CHARACTER	Literalkonstante

■ ***Aufgabe 4-a*** Auf den Variablen D und U sollen Durchmesser und Umfang eines Kreises stehen. Die Werte und Texte sollen wie folgt ausgegeben werden. Mit welchen Anweisungen gelingt das?

```
DURCHMESSER: Wert von D
UMFANG     : Wert von U
```

Aufgabe 4-b Die Abmessungen eines Rechtecks sollen auf den Variablen B und H gespeichert sein. Diese Werte sollen zusammen mit dem Text 'ABMESSUNGEN' in der folgenden Anordnung angezeigt werden:

ABMESSUNGEN
Wert von B
Wert von H

Aufgabe 4-c Für welche der nachstehenden Datensätze würde beim Ausführen der Leseanweisung

READ *, I , R , C

eine Fehlermeldung auftreten? I soll INTEGER-, R REAL- und C CHARACTER-Variable sein.

```
17  4  21
18  20  'ZWO'
- 1  + 1.  'NULL'
1  + .2 '= DREI'
1  2  'DRY' 4
```

■

Zur READ-Anweisung ohne Leseliste scheint ein Hinweis angebracht! Auf den ersten Blick mag es unsinnig erscheinen, den Lesevorgang auszulösen, ohne Variablen mit neuen Werten versorgen zu wollen. Zu beachten ist aber, daß jede READ-Anweisung zuerst das Anhalten des Programms bewirkt. Es läuft erst weiter, nachdem von der angesprochenen Datei ein Datensatz angeliefert wurde. Eventuell sind sogar mehr Sätze nötig, um die Leseliste zu versorgen. Im Falle des READ * muß der Benutzer also einen Datensatz liefern (es reicht die Betätigung der Return-Taste), um die Programmausführung fortzusetzen. Das läßt sich z. B. nach (Fehler-)Meldungen sinnvoll einsetzen, um dem Benutzer Zeit zu lassen, die Meldung zu begreifen und das Programm erst dann weiterlaufen zu lassen.

In der Regel wird man die Datensätze in der oben dargelegten Weise genau passend zum jeweiligen Lesebefehl formulieren. Das listengesteuerte READ gestattet jedoch Varianten, die für spezielle Leseprobleme nützlich sein können:

- Als Datentrennzeichen ist auch das Komma erlaubt, das dann auch neben Leerzeichen stehen darf.
- Wenn zwischen zwei Kommas des Datensatzes nichts steht (außer eventuell Leerzeichen), bleibt der Wert der betreffenden Variablen der Leseliste unverändert.
- Wenn als Datentrennzeichen ein Schrägstrich geschrieben wird, bleiben die restlichen Variablen der Leseliste unverändert.

Bild 4.1 zeigt und erläutert Varianten von Datensätzen für eine listengesteuerte READ-Anweisung.

■ *Aufgabe 4-d* Berechnung der Dreiecksfläche.

Wenn die Koordinaten der drei Ecken eines Dreiecks (Bild 4.2) gegeben sind, kann der Flächeninhalt nach der Formel

$$A = \frac{1}{2}[(X_2 - X_1)(Y_3 - Y_1) - (X_3 - X_1)(Y_2 - Y_1)]$$

berechnet werden.

Anweisung: READ * ,X,Y,Z

Datensatz	Wirkung bezueglich X	Y	Z
1.2 3.4 5	1.2	3.4	5.0
1.2,3.4,5	1.2	3.4	5.0
1.2 ,3. 4,5	1.2	3.0	4.0
,1.2,3,4.5	unveraendert	1.2	3.0
1.2,,3.4,5	1.2	unveraendert	3.4
1.2/3,4	1.2	unveraendert	unveraendert
1.2,3.45	1.2	3.45	weiterer Satz noetig

Bild 4.1 Beispiele von Datensätzen für eine listengesteuerte Leseanweisung

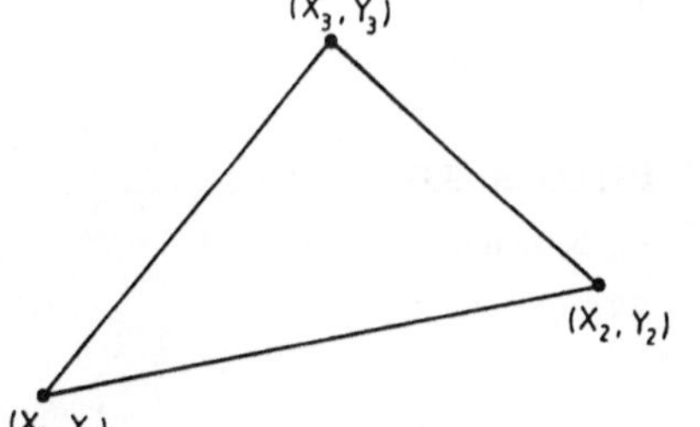

Bild 4.2
Dreiecksfläche, Beziechnung der Eckpunktkoordinaten

Das Programm ist so zu schreiben, daß zunächst drei Datenzeilen mit den Koordinaten

X_1 Y_1
X_2 Y_2
X_3 Y_3

gelesen werden. Danach erfolgt die Berechnung und Ausgabe der Fläche. Es dürfen nur gewöhnliche (d.h. nicht indizierte) Variablen benutzt werden. Besonderer Wert ist auf die Erläuterungen im Ein- und im Ausgabeteil zu legen. Testfall 1: Zu den Punkten (1,1), (9,1), (8,8) gehörte das Ergebnis 28. Zum Nachweis der Korrektheit sind weitere Testfälle nötig.

Aufgabe 4-e Brinellhärte

Bei der Brinell-Härteprüfung wird eine Kugel vom Durchmesser D mit der Kraft F in den Prüfling gedrückt und hinterläßt dort eine Mulde vom Durchmesser d. Das Verhältnis der Kraft zur Oberfläche der Mulde wird als Härte bezeichnet.

$$H = \frac{2F}{\pi d^2}\left(1 + \sqrt{1 - \left(\frac{d}{D}\right)^2}\right)$$

Es ist ein Programm zu schreiben, das sinnvolle Werte für F, D und d liest und die Brinellhärte H ausgibt. ■

*4.2 Formatierung

Listengesteuerte Ausgabekommandos (s. Abschnitt 4.1) stellen die für den Programmierer bequemste Form dar, um dem Benutzer Daten aus einem Programm anzuzeigen. Die Verwendung dieser Kommandos kann toleriert werden, solange keine Anforderungen an die Form der Ausgabe gestellt sind, z. B. in der Testphase oder in Programmen, die ausschließlich für den Eigengebrauch erstellt werden.

Auf Dauer kann man sich nicht mit der standardmäßigen Aufbereitung der Zahlen begnügen. Es ist doch nicht sinnvoll, z.B. in der Flächenberechnung für einen Kreis den Radius oder gar den Wert von π nur mit drei gültigen Ziffern einzugeben und den Flächeninhalt mit der vollen Maschinengenauigkeit von meist acht oder noch mehr Dezimalziffern anzugeben! Die listengesteuerte Ausgabe ist ebenfalls zu schwach, wenn eine Kolonne von REAL-Zahlen so angezeigt werden soll, daß die Dezimalpunkte untereinander stehen.

Wenn die Datenausgabe nach individuellen Vorstellungen gestaltet werden soll, können die erforderlichen Angaben in einer FORMAT-Anweisung codiert werden, die mit einem Label zu versehen ist. Dieser Label wird im PRINT-Kommando anstelle des Sterns bzw. im WRITE-Kommando anstelle des 2. Sterns aufgeführt.

► *Beispiel*

```
      WRITE (*, 7) FLEISS,TUT,NOT
    7 FORMAT (3X, 'REAL SO' ,E12.4,2X,   F6.3, '    INTEGER:',I3)
```

Mit den Variablenwerten FLEISS = 0.2, TUT = 4.0, NOT = 6 ergäbe sich

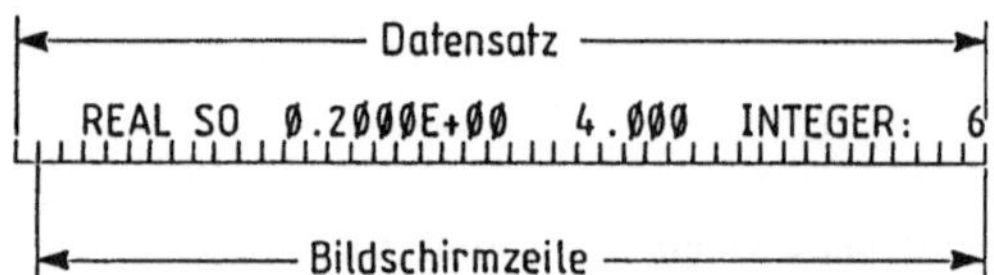

◄

Die Literalkonstanten sowie Codes der Form 3X und 2X haben mehr schmückenden Charakter, die anderen Angaben dienen der Aufbereitung von Werten und werden der Reihe nach den Variablen aus der Schreibeliste zugeordnet.

Generell zu beachten ist, daß der Datensatz nur von seiner 2. Stelle an dargestellt wird! Die 1. Stelle jedes angelieferten Datensatzes wird vom Bildschirm als *Vorschubsteuerzeichen* interpretiert. Bild 4.3 zeigt die allgemeingültigen Steuerzeichen.

Die Schreibregeln für die FORMAT-Anweisung lauten

f FORMAT (Formatcodes)

Ohne den Label f ist das FORMAT nicht nutzbar. Falls mehrere Formatcodes auftreten, müssen sie durch Komma (oder Schrägstrich) getrennt werden. Durch Paare runder Klammern können Codegruppen gebildet werden, die hinsichtlich der Trennung wie ein einzelner Code angesehen werden. Vor Codegruppen und den zur Wertumwandlung dienenden Codes darf eine Wiederholzahl stehen. Die ganze Codeliste darf im Extremfall

Zeichen	Wirkung
+	Ausgabe in aktueller Zeile
blank	Ausgabe in nächster Zeile
0	Ausgabe in übernächster Zeile
1	Ausgabe in 1. Zeile der nächsten Seite
Viele Rechnerhersteller haben zusätzlich nicht genormte Steuerzeichen aufgenommen. Alle restlichen Zeichen wirken wie blank	

Bild 4.3 Vorschubsteuerzeichen (Position 1 des Ausgabe-Datensatzes)

Ausgabe von	mit Formatcode		
INTEGER	Im		
REAL	Fm.n (m ⩾ n + 3)	oder	Em.n (m ⩾ n + 7)
DOUBLEPRECISION	Fm.n	oder	Dm.n (m ⩾ n + 7)
CHARACTER	Am	oder	A
LOGICAL	Lm		
COMPLEX	je ein REAL-Code für den Real- und den Imaginärteil		
Leerstellen	mX		
festem Text	'vorgesehener Text'		
Hierin bedeuten m die Feldweite (d.h. Anzahl der benutzten Stellen im Datensatz) und n die Anzahl der Ziffern hinter dem Dezimalpunkt			

Bild 4.4 Wichtige Ausgabeformatcodes

bis auf die begrenzenden Klammern reduziert werden (das Fehlen jedweder Codeangabe ist also formal korrekt).

Damit die FORMAT-Anweisung nicht nur formal richtig ist, sondern während der Programmausführung die entsprechenden Daten auch korrekt dargestellt werden, müssen die zur Wertaufbereitung verwendeten Codes auf den Datentyp der zugeordneten Variablen aus der Schreibeliste abgestimmt sein. Bild 4.4 zeigt die dabei benutzbaren Formatcodes. Dazu einige Anmerkungen!

Wie dem obigen Beispiel zu entnehmen ist, werden bei der Ausgabe mit dem E-Code vier Zeichen für die Exponentendarstellung verbraucht. Da auch Platz für den Punkt, eine davorstehende Ziffer und das Vorzeichen vorzusehen ist, muß die Feldweite hier mindestens um 7 größer sein als die Anzahl der Ziffern nach dem Punkt. Gleiches gilt für den D-Code. Beim F-Code muß mindestens eine Ziffer vor dem Dezimalpunkt eingeplant werden, um auch Platz für Punkt und Vorzeichen zu haben, muß hier m ⩾ n + 3 sein. Beim A-Code ohne Feldweitenangabe wird diese so gewählt, wie die Länge des korrespondierenden Platzes der Schreibeliste. Schließlich sei der Code Gm.n nicht ganz verschwiegen, der für REAL-Größen gedacht ist und bewirkt, daß je nach Zahlenwert einmal ein F-Code und ein anderes Mal ein E-Code benutzt wird.

■ *Aufgabe 4-f* Die Aufgabe 4-a ist zu wiederholen. Jetzt sollen 3 Ziffern hinter dem Dezimalpunkt gezeigt werden. Für den Durchmesser sind Werte zwischen 1 und 500 zuzulassen. ■

Es wurde schon erwähnt, daß anstelle des Trennzeichens Komma auch ein Schrägstrich gesetzt werden darf. Im Gegensatz zum Komma ist dieser auch am Anfang und am Ende des Formats erlaubt. Außerdem sind mehrere Schrägstriche nebeneinander gestattet. Was wird dadurch bewirkt?

Die formatierte Ausgabe läuft so ab, daß in einen anfangs mit Blanks gefüllten Speicherbereich (einen Puffer) nach Maßgabe des Schreibekommandos und der zugeordneten Formatierung die auszugebenden Zeichen eingestellt werden. Von Zeit zu Zeit wird der Puffer zum Bildschirm gesandt, die Zone ab Pufferposition 2 angezeigt, der Puffer geblankt und wieder mit darzustellenden Zeichen gefüllt, bis das Ausgabekommando abgearbeitet ist. Der momentane Pufferinhalt wird zum Bildschirm gesandt, wenn

- ein Schrägstrich im Format auftritt,
- das Ende des Formats erreicht ist oder
- für den nächsten Umwandlungscode kein Bedarf mehr besteht, weil die Schreibeliste schon vollständig abgearbeitet ist.

So kann also mit Hilfe von Schrägstrichen die Ausgabe vertikal gegliedert werden.

Die FORMAT-Anweisung kann auch beim Lesen benutzt werden. Soll so von der Standardeingabeeinheit gelesen werden, gelingt das mit einer Anweisung der Form

```
READ f, Leseliste        oder
READ (*,f) Leseliste
```

Mit f wird analog zum WRITE auf die zu benutzende FORMAT-Anweisung verwiesen.

In Standard-FORTRAN IV mußte von der Tastatur in dieser Form gelesen werden. Für den Benutzer heißt das, die Daten jeweils in die Spalten des Datensatzes schreiben zu müssen, die über das FORMAT den einzelnen Plätzen der Leseliste zugeordnet sind – in der Regel ein mühsames, fehleranfälliges Unterfangen. Bild 4.5 zeigt ein Beispiel für diese anachronistische Art des Lesens. In FORTRAN 77 sollte stattdessen in der Regel listengesteuert gelesen werden. Lesen mit FORMAT-Steuerung ist jedoch angezeigt, wenn die Daten über andere Wege kommen, z. B. von Lochkarten oder aus einer auf einer Magnetplatte liegenden Datei. Weitere Erläuterungen dazu folgen ab Abschnitt 4.3.

```
          READ (*, 9) X, Y
        9 FORMAT (2F5.3)
oder    9 FORMAT (F5.3, F5.3)
```

	Datensatz	X	Y
Stelle	1 5 10		
	12345678. 91eor	12.345	678.9
	1 2 3 4 eor	10.02	3.004
	67eor	0.0	0.067
	1.2eor	1.2	0.0
	.12345eor	0.1234	0.005

Bild 4.5 Beispiel für formatgesteuertes Lesen von der Standardeingabedatei (Tastatur)

Erwägenswert ist die Formatierung beim *Lesen von* CHARACTER-*Größen* – auch von der Tastatur. Wie wäre denn beim listengesteuerten Lesen zu verfahren? Die Antwort stand in Abschnitt 4.1: Der als Inhalt der Variablen vorgesehene Text muß in Hochkommas eingeschlossen sein; denn die Daten müssen als Literalkonstante geschrieben werden. Wird hingegen formatiert mit einem A-Code gelesen, darf im Datensatz nur der Text stehen.

Als Leseformatcode für CHARACTER-Variablen wird A oder Am verwendet, wobei für die Feldweite m eine natürliche Zahl einzusetzen ist. Im ersten Fall werden soviel Zeichen aus dem Datensatz übernommen, wie der Länge der Variablen entspricht, im zweiten Fall soviel, wie die Feldweite beträgt. Die Zeichen werden linksbündig in die Variable eingestellt. Ist die Variable zu kurz, gehen hintere Zeichen verloren, ist sie länger als der gelesene Text, wird sie hinten mit Blanks aufgefüllt.

► *Beispiel*

```
      CHARACTER T1 * 5, T2 * 10
      READ 1, T1
1     FORMAT (A7)
      READ 1, T2
```

Wenn dafür 2 Datensätze mit der alphabetischen Buchstabenfolge eingegeben würden, entspräche das

T1 ='ABCDE'
T2 ='ABCDEFG_ _ _' ◄

Formatierungen dürfen auch direkt in der Lese- oder Schreibeanweisung anstelle des Formatlabels codiert werden. Das muß als Literalkonstante oder CHARACTER-Variable geschehen. Der Inhalt muß aussehen wie eine FORMAT-Anweisung ohne den Label und das Kennwort FORMAT.

► *Beispiel*

```
CHARACTER T1 * 5, T2 * 10, FORM * 20
READ '(A7)', T1
FORM = '(A7)'
READ FORM, T2
```

Diese Lesekommandos leisten das gleiche wie die im vorangehenden Beispiel. ◄

Die Anzahl der Terme in einer Schreibe- oder Leseliste und die Anzahl der zur Datenumwandlung geeigneten Codes in der zugehörigen Formatierung müssen nicht übereinstimmen. Überschüssige Codes werden ignoriert. Wie hingegen bei zu geringer Zahl von Codes verfahren wird, sei für den Schreibevorgang näher erläutert.

Der Bedarf an weiteren Codes wird am FORMAT-Ende entdeckt. Also wird der momentane Puffer zum Bildschirm gesandt und danach geblankt. Für die weitere Ausgabe wird jetzt der hintere Teil des FORMATs erneut genutzt. Das fragliche Stück wird wie folgt gefunden. Vom FORMAT-Ende (schließende Klammer 0-ter Stufe) wird bis zur letzten davor stehenden Klammer vorgerückt (letzte schließende Klammer 1. Stufe). Die zugehörige öffnende Klammer (letzte öffnende Klammer 1. Stufe) markiert den Anfang des zu wiederholenden FORMAT-Teils. Treten keine Klammern 1. Stufe auf, wird das ganze FORMAT wiederholt.

■ *Aufgabe 4-g* Die Aufgabe 4-f ist so zu lösen, daß in der Lösung nur ein Schreibekommando auftritt.

Aufgabe 4-h Es soll eine Tabelle mit Quadratzahlen erstellt werden. Unter der einmal auszugebenden Überschrift

BASIS QUADRAT

sollen in m weiteren Zeilen jeweils die Paare (n, n^2), ((n + 1), $(n + 1)^2$) usw. gezeigt werden. Anfangs einzulesen sind n und m.

Wer das Problem gelöst hat, kann es ein 2. Mal angehen. Jetzt lautet die Zusatzforderung, die Tabelle einschließlich der Überschrift soll mit nur einem Schreibekommando erstellt werden. (Falls die Ideen fehlen, Abschnitt 6.1 ansehen.) ■

*4.3 Sequentielle Dateien

Leicht vereinfachend wird hier unter Datei eine abgeschlossene Menge von Datensätzen gleicher Länge verstanden. Die Datei wird über einen Namen identifiziert, der nach den Regeln des aktuellen Betriebssystems zu bilden ist. Von FORTRAN-Programmen her wird die Datei über eine UNIT-Angabe angesprochen. Wenn die Sätze einer Datei nur der Reihe nach bearbeitet werden können, spricht man von einer *sequentiellen Datei*. Deren Sätze sind also nach Alter geordnet, die später geschriebenen stehen weiter hinten.

Dateien liegen in der Regel auf geeigneten Datenträgern auf der Rechnerperipherie. Dort können sie langfristig erhalten bleiben. Die Nutzung von Dateien ist stets dann angezeigt, wenn Daten aus einem Programm nach Programmende noch als Eingangsdaten für später zu startende Programme benötigt werden.

Wenn man die Art des Datenträgers außer acht läßt und nur die Organisationsform ansieht, bestehen zwischen der Ansteuerung von Tastatur und Bildschirm und der Nutzung sequentieller Dateien kaum Unterschiede. Beide Male werden die Sätze der Reihe nach gelesen bzw. der Reihe nach geschrieben. So wundert es wohl nicht, daß dafür die schon bekannten Kommandos

READ (Kontrollinformationen) Leseliste bzw.
WRITE (Kontrollinformationen) Schreibeliste

verwendet werden. Für die Lese- und die Schreibeliste gilt das früher Gesagte unverändert weiter, kleine Unterschiede liegen in den Kontrollinformationen. Während früher die Standardperipherie benutzt wurde, muß jetzt gezielt angegeben werden, woher die Daten kommen bzw. wohin sie gehen sollen. Auf die Formatierung kann verzichtet werden – was dann aber nicht die früher erläuterte listengesteuerte Übertragung bedeutet.

Sehen wir uns die *Kontrollinformationen* näher an. Sie umfassen den

UNIT-, FMT-, IOSTAT-, END- und ERR-Parameter.

Wenn mehrere dieser Parameter aufgeführt sind, werden sie durch Kommas getrennt.

Der UNIT-Parameter regelt das Woher bzw. Wohin. Er hat eine der folgenden Formen:

UNIT = * bzw. *
UNIT = k bzw. k
UNIT = cv bzw. cv

Hier steht k für einen INTEGER-Ausdruck und cv für eine CHARACTER-Variable. Die in der rechten Kolonne angegebene verkürzte Schreibweise ist nur gestattet, wenn die UNIT-Angabe auf Platz 1 der Kontrollinformationen steht.

Mit UNIT = * wird die Standardperipherie angesprochen (Abschnitt 4.1). Beliebige sequentielle Dateien erreicht man über UNIT = k mit kleiner natürlicher Zahl k. Die Obergrenze von k, die physische Anordnung der Datei auf der Peripherie und der dem „Kanal" zugeordnete Dateiname sind vom Rechner bzw. vom Betriebssystem abhängig. Über UNIT = cv wird eine „*interne Datei*" angesprochen, die aus nur einem Satz besteht und den Platz der CHARACTER-Variablen cv belegt.

Auf die symbolische Datei k dürfen Sätze geschrieben werden, ohne daß weitere vorbereitende Kommandos erforderlich sind. Genauso einfach können diese Sätze später – z. B. in einem anderen Programm – unter Verwendung der gleichen Kanalnummer k wieder gelesen werden. Das anfängliche Öffnen der Datei und das Schließen am Programmende geschieht in FORTRAN automatisch. Wer will, darf aber auch entsprechende Kommandos (OPEN, CLOSE, REWIND) in sein Programm einfügen.

Über den FMT-Parameter wird die Formatierung bereitgestellt. Er hat eine der Formen

```
FMT = *    bzw. *
FMT = m    bzw. m
FMT = ca   bzw. ca
```

Hier stellen m den Label einer FORMAT-Anweisung und ca einen CHARACTER-Ausdruck dar. Die verkürzte Schreibweise der rechten Kolonne ist nur gestattet, wenn die FMT-Angabe auf Platz 2 und die UNIT-Angabe auf Platz 1 der Kontrollinformationen stehen.

Die Formatierung wurde in Abschnitt 4.2 vorgestellt. Sie wird meistens als FORMAT-Anweisung gegeben. Bei kurzen Formatierungen oder wenn während der Programmausführung die Formatierung modifiziert werden soll, kann sie in einem CHARACTER-Ausdruck geliefert werden. Der muß nach den Regeln der FORMAT-Anweisung gefüllt sein, aber ohne den Label und das Kennwort FORMAT.

Bliebe zu erläutern, was bei fehlender Formatierung geschieht. In diesem Fall werden die Daten in ihrer rechnerinternen Darstellung ausgeschrieben – also als reine Bitfolgen. Derartig beschriebene Dateien können natürlich auch nur ohne Formatierung gelesen werden. Die *nichtformatierte Aus- und Eingabe* ist schneller. Sie garantiert auch, daß nach dem Schreiben einer Variablen und dem späteren Wiedereinlesen exakt die gleiche Bitfolge entsteht wie vor dem Schreiben. Bei formatierter Aus- und Wiedereingabe können dagegen geringe Abweichungen auftreten. Diesen Vorteilen der formatfreien Ausgabe stehen aber auch Vorteile des formatierten Schreibens gegenüber. Mit Formatierung beschriebene Dateien lassen sich sehr einfach kontrollieren, da sie mit Hilfe von Kommandos des Betriebssystems auf den Bildschirm oder den Drucker überspielt werden können und dort in lesbarer Form dargestellt werden. Sie können auch problemlos von Programmen gelesen werden, die nicht in FORTRAN erstellt sind.

Beim Datenaustausch zwischen Programm und Datei können mannigfache Fehler auftreten, die zum sofortigen Abbruch des Programms führen. Ein derart abruptes Programmende läßt sich vermeiden, wenn in den Kontrollinformationen der Error-Parameter gesetzt ist. Er hat die Form

ERR = m

mit einem Label anstelle von m. Tritt ein Fehler auf, wird nicht abgebrochen, sondern bei der Anweisung fortgesetzt, die mit dem angegebenen Label versehen ist. In der Regel wird eine Fehlerkennzahl bereitgestellt, die Auskunft über die Art des Fehlers gibt. Diese Kennwerte sind aber nicht Bestandteil von FORTRAN. Programme, die damit mehr tun, als sie zu protokollieren, sind rechnerabhängig.

Schließlich sei noch ein Problem angesprochen, das oft beim Lesen sequentieller Dateien auftritt. Ohne Kenntnis der Anzahl sollen alle Sätze einer Datei gelesen werden. Dann muß in einer Schleife gelesen werden. Da man dem letzten Satz der Datei in der Regel nicht ansieht, daß er der letzte ist, wird danach erneut gelesen. Statt auf einen Satz trifft man jetzt auf das Dateiende (end of file, auch als eof bezeichnet). Konsequenz wäre wieder der Programmabbruch, es sei denn, die Kontrollinformationen enthalten den END-Parameter:

END = m

Auch hier steht m für einen Label. Bei Erreichen von eof wird dann bei der Anweisung fortgesetzt, die m als Label trägt.

Anstelle oder zusätzlich zum ERR- und END-Parameter kann eine Statusinformation erhalten werden. Man setzt dazu

IOSTAT = Intvar

in die Kontrollinformationen ein, wobei Intvar durch den Namen einer gewöhnlichen INTEGER-Variablen zu ersetzen ist. Nach dem Lese- bzw. Schreibevorgang ist diese Variable mit einem rechnerabhängigen Wert versorgt. Durch die Sprachnorm ist aber immerhin das Vorzeichen vorgeschrieben:

Intvar $<$ 0 bedeutet, das Dateiende wurde erreicht,
Intvar = 0 bedeutet, das Lesen bzw. Schreiben lief erfolgreich ab,
Intvar $>$ 0 bedeutet, es trat ein Fehler auf.

Es wird geraten, die durch diese Statusvariable gebotenen Möglichkeiten schon beim Programmentwurf (in der Regel also im Struktogramm) zu berücksichtigen, weil das meist zu besser strukturierten Programmen führt.

Die über UNIT = cv bzw. cv angesprochenen „internen Dateien" muten auf den ersten Blick vielleicht seltsam an. Verglichen mit FORTRAN IV bieten sie aber interessante Möglichkeiten.

► *Beispiel* Typkonvertierung von CHARACTER nach INTEGER

Auf der 10stelligen CHARACTER-Variablen T soll linksbündig der Buchstabe I und rechtbündig eine ganze Zahl stehen. Der Wert dieser Zahl wird wie folgt auf die Variable N gebracht.

```
CHARACTER * 10 T
T = 'I000001001'
READ (T(2:10), '(I9)')N
```
◄

■ *Aufgabe 4-i* Typkonvertierung nach INTEGER bzw. REAL

Von der Tastatur sollen in unregelmäßiger Folge Datensätze der folgenden Arten auf eine CHARACTER-Variable gelesen werden:

- Buchstabe I gefolgt von 9 Ziffern, anstelle der ersten Ziffer ist auch ein Vorzeichen erlaubt
- Buchstabe R gefolgt von 8 Ziffern und einem Punkt. Der Punkt muß auftreten, aber nicht notwendig an letzter Stelle. Direkt hinter R ist ein Vorzeichen erlaubt, wenn dafür auf eine Ziffer verzichtet wird.

Das Programm soll jedesmal ausgeben, welcher Typ vorlag, sowie den gelesenen Wert und das Doppelte des Wertes. Ein Datensatz mit einem E in Position 1 soll die Ausführung beenden.

Wenn das Programm läuft, sollte es in einer zweiten Ausbaustufe so erweitert werden, daß unzulässige Datensätze nicht zum Abbruch führen. Nach einer Fehlermeldung soll wieder gelesen werden. ■

Wenden wir uns nun der Frage zu, wie man Dateien lesen kann, deren Namen nicht der FORTRAN-Konvention des Betriebssystems genügen. Die erforderliche Zuordnung des Namens zu einer Kanalnummer kann (und sollte wohl auch) außerhalb des Programms mit Systemkommandos erfolgen. Es geht aber auch mit der OPEN-Anweisung im FORTRAN-Programm. Sie hat die Form

OPEN (unit, kw1 = attr1, kw2 = attr2,...)

Mit unit ist der UNIT-Parameter in der Form UNIT = k bzw. k gemeint. kw1, kw2 usw. sind Kennwörter, attr1, attr2 usw. dazu passende Attribute. Wer echte Anwendungen zu bearbeiten hat und sich nicht auf Standard-FORTRAN einschränken muß, sollte in seinem FORTRAN-Handbuch nachsehen, was ihm alles zur Verfügung steht. Das folgende ist generell nutzbar:

FILE = Dateiname
STATUS = Dateistatus
IOSTAT = Intvar
ERR = m

Die UNIT-Angabe muß am Anfang und die FILE-Angabe an 2. Position stehen. Dateiname und -status werden als Literalkonstante oder CHARACTER-Variable geschrieben. Der Status 'OLD' wird für Eingangs- und 'NEW' für Ausgangsdateien verwendet. Für den IOSTAT- und den Error-Parameter gilt das unter dem Stichpunkt Kontrollinformationen Gesagte.

Nützlich ist mitunter auch die Anweisung

REWIND unit

Sie bewirkt, daß die über unit angesprochene Datei geschlossen und an ihren Anfang zurückgegangen wird. Man wäre danach in der Lage, die Datei von vorn her zu lesen oder den Inhalt durch neue Sätze zu überschreiben.

■ *Aufgabe 4-j* Auswertung einer sortierten Datei

Auf einer sequentiellen Datei sollen 80stellige formatierte Sätze folgenden Aufbaus stehen:

Stellen	Typ	Bedeutung
1– 8	CHARACTER	Teile-Identifikation
9		leer
10–19	REAL	Herstellkosten
20		leer
21–80	CHARACTER	Teilename, sonstige Hinweise (dieser Teil ist für die Aufgabe unwichtig)

Der identifizierende „Schlüssel", Stellen 1 bis 8, sei so strukturiert, daß in den Stellen 1 bis 4 die Baugruppe steht, zu der das Teil gehört. Ferner sei die Datei nach dem Schlüssel sortiert, so daß alle Angaben zu einer Gruppe in aufeinanderfolgenden Sätzen stehen. Weder die Anzahl der Gruppen noch die der Teile einer Gruppe ist bekannt, noch dürfen diese Anzahlen durch das auswertende Programm nach oben begrenzt werden.

Die Datei ist von vorn her durchzulesen, jeder Satz nur einmal. Dabei soll ermittelt und in einer Zeile pro Gruppe auf dem Bildschirm angezeigt werden:

> Gruppenbezeichnung, Teileanzahl der Gruppe, Summe der Herstellkosten für die Teile der Gruppe

Übrigens ist unwichtig, ob aufsteigend oder absteigend sortiert ist. Beim Programmentwurf beginnt man am besten beim Gruppenwechsel, d. h. man überlegt zuerst, was zu tun ist, wenn der erste Satz einer Gruppe gelesen wurde, der aber nicht der erste Satz der Datei ist. ■

*4.4 Direktzugriffsdateien

Für verschiedene Anwendungen, bei denen externe Datenhaltung erforderlich ist, sind die in Abschnitt 4.3 vorgestellten, sequentiell organisierten Dateien ein unzureichendes Hilfsmittel. Ein Beispiel wären Bestandspflegeprobleme (Artikelstammdaten, Stücklisten, ...), bei denen pro Programmeinsatz nur eine geringe Anzahl aller Sätze modifiziert wird. Stehen die Daten in einer sequentiellen Datei, müssen auch alle nicht betroffenen Sätze gelesen und unverändert wieder geschrieben werden. Ein weiteres Beispiel wären Berechnungsprobleme, die die Bearbeitung derart großer Matrizen erfordern, die nicht mehr in den Arbeitsspeicher des Rechners passen. Man müßte die Matrizen in Dateien ablegen, sie teilweise einlesen, verarbeiten und geänderte Teile wieder auslagern. Dieses müßte als Korrektur der betroffenen Matrix wirken. Sequentielle Dateiorganisation würde bei derartigen Problemstellungen zu einer unvertretbar hohen Belastung der Peripherie führen. Bei der angedeuteten Matrizenbearbeitung könnte hinzukommen, daß der Modul für die Datenverwaltung unübersichtlich wird. Die Nutzung einer Direktzugriffsdatei wäre vermutlich vorzuziehen.

In einer *Datei mit direktem Zugriff* können die einzelnen Sätze in beliebiger Reihenfolge und auch mehrfach angesprochen werden. Ferner darf zwischen Lesen und Schreiben von Sätzen derselben Datei abgewechselt werden. Die Identifizierung der Sätze erfolgt über eine *Satznummer*, die zwischen 1 und einem eventuell zu vereinbarenden Maximalwert liegt. Um Daten in Direktzugriffsdateien halten zu können, muß der einzelne Satz also ein Feld enthalten, das sich als Satznummer eignet, oder es muß eine umkehrbar eindeutige Zuordnung geben zwischen dem identifizierenden Teil des Satzes und der Satznummer.

Um klarzustellen, daß statt des standardmäßigen sequentiellen Dateizugriffs der direkte Zugriff beabsichtigt ist, wird vor dem ersten READ bzw. WRITE für die betr. Datei einmal ein OPEN ausgeführt. Wie schon im vorigen Abschnitt gesagt, gibt es für die OPEN-Anweisung zahlreiche Varianten. Wir wollen eine Version für unformatierte Sätze vorstellen. Sie müßte hinter dem führenden UNIT-Parameter folgende Spezifizierung enthalten:

```
FILE                 = Name
STATUS               = 'NEW'
ACCESS               = 'DIRECT'
RECL                 = Länge
ASSOCIATEVARIABLE    = Intvar
```

Hier ist Name eine CHARACTER-Konstante oder -Variable mit dem Dateinamen, Laenge die Satzlänge in 4-Byte-Worten in Form einer INTEGER-Konstanten und Intvar eine gewöhnliche INTEGER-Variable. Nach jedem READ oder WRITE für diese Datei trägt die *„assoziierte Variable"* die gegenüber der aktuell genutzten um 1 erhöhte Satznummer. Ein eventuelles sequentielles Abarbeiten der direkten Datei wird dadurch bequem möglich.

Soll eine existierende Direktzugriffsdatei bearbeitet werden, wird

```
STATUS = 'OLD'
```

gesetzt und auf die RECL-Angabe verzichtet.

Schreibe- bzw. Leseanweisungen für die unformatierte Direktzugriffsdatei sind

```
WRITE (unit, rec, err) Schreibeliste   bzw.
READ  (unit, rec, err) Leseliste
```

UNIT- und Error-Parameter sind aus Abschnitt 4.3 bekannt. Hinzu kommt die Fixierung der Satznummer (rec), die mit einem INTEGER-Ausdruck anstelle von n als

```
REC = n
```

codiert wird. Oft eignet sich die assoziierte Variable für n.

Unformatiertes Schreiben heißt, daß die Bitfolgen der internen Darstellung für die Plätze der Schreibeliste in den Datensatz übertragen werden. Es empfiehlt sich dringend, die Struktur der Leseliste hinsichtlich der Datentypen exakt auf das Schreibekommando abzustimmen. Um sicherzugehen, daß alle Sätze die gleiche Struktur haben, erstellt man für das Schreiben am besten ein kleines Unterprogramm und nutzt dieses konsequent! Es kann hilfreich sein, beim Lesen analog zu verfahren.

Da das Lesen eines zuvor noch nicht geschriebenen Satzes einen Programmabbruch bewirken würde, muß diese Situation vernünftigerweise in einer Fehlerroutine abgefangen und analysiert werden. Dazu ist der Error-Parameter zu schwach, da er nur die Existenz des Fehlers meldet. Man kommt nicht umhin, die rechnerabhängigen Fehlerkennzahlen abzuprüfen. Durch den Zusatz

```
IOSTAT = Intvar
```

mit einer gewöhnlichen INTEGER-Variablen Intvar in den Kontrollinformationen wird die Zahl von FORTRAN her sichtbar. Die verschiedenen Werte und ihre Bedeutung müssen den Handbüchern des Rechnerherstellers entnommen werden. Damit ist das Programm kaum noch portabel. Dieser Nachteil läßt sich durch die empfohlenen Schreibe- und Leseunterprogramme sehr klein halten, da die herstellerbezogenen Anweisungen auf diese Routinen beschränkt bleiben und das Programm daher bei Bedarf leicht zu ändern ist.

Falls eine Direktzugriffsdatei für formatierte Sätze konzipiert ist, müssen die Schreibe- und Leseanweisungen mit dem FMT-Parameter (Kapitel 4.3 und 4.2) versehen sein. Im OPEN ist zusätzlich

FORM = 'FORMATTED'

erforderlich, und die Satzlänge wird jetzt als Anzahl von Bytes angesehen.

4.5 Unterschiede zu BASIC

BASIC	Stichwort	FORTRAN
PRINT Schreibeliste	Ausgabe in Standardform auf Bildschirm	PRINT *, Schreibeliste oder WRITE (*,*) Schreibeliste
USING-Angabe im PRINT-Kommando (nicht in allen Dialekten vorhanden)	Formatierung der Bildschirmausgabe	Ausgabe durch WRITE-Kommando mit Label einer FORMAT-Anweisung anstelle des 2. Sterns, Formatierung durch entsprechende Codes in der FORMAT-Anweisung
PRINT # n, Schreibeliste (n ist logische Dateinummer)	Ausgabe auf seq. Datei	WRITE (n,f) Schreibeliste (n ist logische Dateinummer) (f ist Stern oder Formatlabel)
INPUT Leseliste oder INPUT"Anzeigetext"; Leseliste	Lesen von Tastatur	READ *, Leseliste oder READ (*,*) Leseliste
Lesen aus einer mit DATA-Anweisung angelegten programminternen Datei	READ	Lesen von spezifizierter Eingabedatei (z. B. Tastatur)
INPUT # n, Leseliste (n ist logische Dateinummer)	Lesen von seq. Datei	READ (n, weitere Angaben) Leseliste (n ist logische Dateinummer)

5 Programmsteuerung

Die Ausführung eines FORTRAN-Programms beginnt mit der ersten ausführbaren Anweisung des MAIN. Von da an werden die Anweisungen in der Reihenfolge abgearbeitet, wie sie im Quellenprogramm untereinanderstehen. Die Ausführung endet, wenn die letzte Zeile des MAIN, das ist das Statement END, erreicht wird.

Programme mit reiner Folge-Struktur sind höchst selten. Um Lösungswege für beliebige Problemstellungen formulieren zu können, werden noch die Strukturblöcke Alternative und Wiederholung benötigt. Auf die drei Grundstrukturen Folge (Sequenz), Alternative (Selection) und Wiederholung (Iteration, Schleife) sowie die Schachtelung dieser Strukturblöcke kann und sollte man sich bei der Darstellung von Lösungswegen beschränken. Eine derartig gegliederte Lösung ergibt sich zwangsläufig, wenn man sie zunächst als Struktogramm (s. [4] und [5]) darstellt und nur die in Bild 1.3 gezeigten Symbole verwendet.

Um ein leicht lesbares Programm zu erhalten, sollte die Blockstruktur des Struktogramms auch im Quellenprogramm erkennbar sein. Sehen wir uns nun an, welche FORTRAN-Anweisungen dafür zur Verfügung stehen.

5.1 Bedingte Anweisung

Wir haben eingangs festgestellt, daß ausführbare Anweisungen der Reihe nach abgearbeitet werden. Mitunter steht man vor der Situation, aus einer solchen Sequenz ein einzelnes Statement ausblenden zu müssen.

Ein Beispiel hierfür ist die Prüfung und Korrektur von Variablenwerten. N möge eine Anzahl bedeuten, deren kleinster sinnvoller Wert 2 sei. Um N bei Unterschreiten dieser Grenze auf 2 anzuheben, genügt die Zeile

```
IF (N .LT. 2) N = 2
```

Ein weiteres Beispiel ist das An- bzw. Abschalten von Schreibekommandos. Dabei könnte es sich um Testhilfen handeln, die im Programm verbleiben sollen. Vielleicht ist die aktuelle Aufgabe auch so gestellt, daß wahlweise eine knappe oder eine ausführliche Ausgabe verlangt ist. Die Lösung besteht in bedingten Schreibeanweisungen. In Abhängigkeit vom Wert einer speziell hierfür vorgesehenen Variablen, wir nennen sie hier LEVEL, lassen sich die Anweisungen dann gruppenweise aktivieren:

```
IF (LEVEL .LE. 3) PRINT *, ...
IF (LEVEL .GE. 1) PRINT *, ...
```

Das erste PRINT wird ausgeführt, wenn LEVEL höchstens 3 ist, das zweite, wenn LEVEL mindestens den Wert 1 hat.

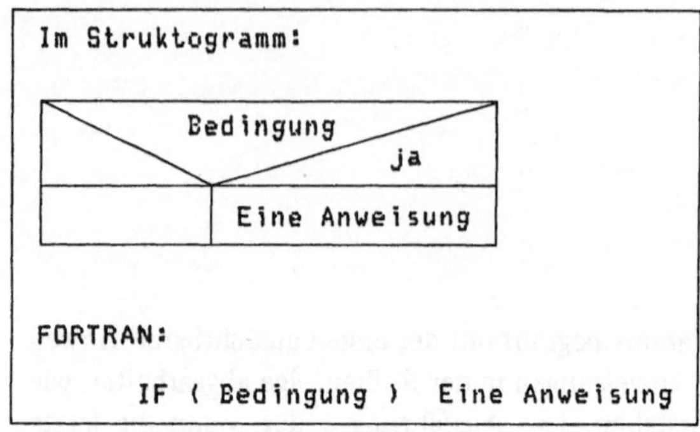

Bild 5.1
Bedingte Anweisung im Struktogramm und in FORTRAN

Allgemein geht es um eine Situation, wie sie in Bild 5.1 in der Symbolik des Struktogramms dargestellt ist. In FORTRAN wird dieses Programmstück als bedingte Anweisung codiert:

IF (logischer Ausdruck) Anweisung

Wenn die betreffende Zeile erreicht ist, wird zunächst die Bedingung geprüft. Ist sie erfüllt, wird die rechts stehende Anweisung ausgeführt. Anschließend wird mit dem nachfolgenden Statement fortgesetzt. Ist hingegen die Ausführungsbedingung nicht erfüllt, wird die rechts stehende Anweisung ausgelassen und sofort mit dem nachfolgenden Statement fortgesetzt.

Abgesehen von folgenden Ausnahmen

- bedingte Anweisung
- Block – IF
- DO
- END
- ENDIF
- ELSE
- ELSEIF

darf jede ausführbare Anweisung als bedingte Anweisung geschrieben werden.

Der zwischen runden Klammern zu codierende logische Ausdruck wird oft als *Vergleich* geschrieben:

Ausdruck Vergleichsoperator Ausdruck

In Bild 5.2 sind die verfügbaren Vergleichsoperatoren zusammengestellt. Damit können zwei CHARACTER- oder zwei numerische Ausdrücke verglichen werden. (Typen s. Kapitel 6. Beim Typ COMPLEX sind natürlich nur die Fragen nach gleich und ungleich sinnvoll.)

► *Beispiele* für Vergleiche (mit C beginnende Variablen seien vom Typ CHARACTER):

```
K + 27 .GT. 5 * M
CH (1:2) .EQ.'JA'
W * SQRT (X ** 2 + Y ** 2) .GT. 5
```
◄

FORTRAN-Symbol	Bedeutung
.LT.	<
.EQ.	=
.GT.	>
.GE.	>=
.NE.	<>
.LE.	<=

Bild 5.2
Vergleichsoperatoren

Ausführungsbedingungen dürfen auch komplizierter sein als ein einfacher Vergleich. Allgemein gilt, daß sie als logischer Ausdruck (s. Abschnitt 6.3) zu schreiben sind. Darunter fallen insbesondere noch Verknüpfungen von Vergleichen mit logisch 'und' (.AND.) bzw. logisch 'oder' (.OR.) und die Negation (.NOT.) sowie Equivalenz (.EQV.) und Antivalenz (.NEQV.). Es ist darauf zu achten, daß dabei vollständige Vergleiche als Basis dienen.

▶ *Beispiel*

```
K .GE.E .AND. L.GE.3
X.LT.Ø .OR. Y.LE.1
.NOT. X.EQ.Ø                   (≙ X.NE.Ø)
.NOT.(A.GT.B .OR. K.EQ.1)      (≙ A.LE.B .AND. K.NE.1)
.NOT.(X.LT.3 .AND. Y.GE.X)     (≙ X.GE.3 .OR. Y.LT.X)
```
◀

Die vorstehend angesprochenen Operatoren liegen in ihrem Rang sämtlich hinter den arithmetischen. Auch untereinander sind sie abgestuft, wie Bild 5.3 zeigt.

Rang	
0	( )
1	**
2	* und /
3	+ und - sowie //
4	Vergleichsoperatoren
5	.NOT.
6	.AND.
7	.OR.
8	.EQV. und .NEQV.

(kleinere Zahl bedeutet Vorrang)

Bild 5.3
Rangordnung der Operatoren

■ *Aufgabe 5-a* Welche Buchstabenfolge wird in den Fällen K = 1, 2, 3 oder 4 durch die nachfolgenden Anweisungen ausgegeben?

```
IF (K.GT.2) PRINT *, 'M'
IF (K.LE.2) PRINT *, 'R'
IF (K.GT.3) PRINT *, 'A'
IF (K.LE.3) PRINT *, '0'
IF (K.LE.4) PRINT *, 'S'
IF (K.LT.2) PRINT *, 'E'
IF (K.GE.2) PRINT *, 'T'
```
■

5.2 Ereignisabhängige Schleife

Wie schon in Bild 1.3 angedeutet, lassen sich alle Wiederholpassagen in Programmen durch Schleifen mit Eingangsprüfung steuern. Wegen dieser weiterreichenden Verwendbarkeit der 'pre-checked-loop' gegenüber der 'post-checked-loop' und weil für diesen Schleifentyp in den verschiedenen Programmiersprachen und Dialekten häufiger Spezialstatements vorhanden sind, wird geraten, beim Entwerfen von Lösungswegen grundsätzlich die 'pre-checked-loop' vorzuziehen. Zumindest für Anfänger wird dieser Rat noch schärfer formuliert! Sie sollten ausschließlich diesen Schleifentyp nehmen.

► *Beispiel*

Es soll die Länge eines Bauteils eingelesen werden. Sinnvolle Werte müssen im abgeschlossenen Intervall [xu, xo] liegen. Falls ein Wert außerhalb dieses Intervalls liegt, soll er zurückgewiesen und die Eingabe sofort wiederholt werden. Bild 5.4 zeigt die prinzipielle Lösung, wobei zunächst die 'post-checked'- und die 'pre-checked'-Schleifenversion gegenübergestellt sind. Solange die Formulierungen unpräzise sind (Teile a) und b)), sind die Lösungen praktisch gleich. Die Teilbilder c) und d) enthalten zwei Varianten detaillierterer Darstellungen der 'pre-checked'-Lösung. Dabei mußte Sorge getragen werden, daß die Ausführungsbedingungen anfangs erfüllt sind und das Lesekommando mindestens einmal erreicht wird. In e) ist schließlich eine FORTRAN-Codierung zur Variante d) notiert. ◄

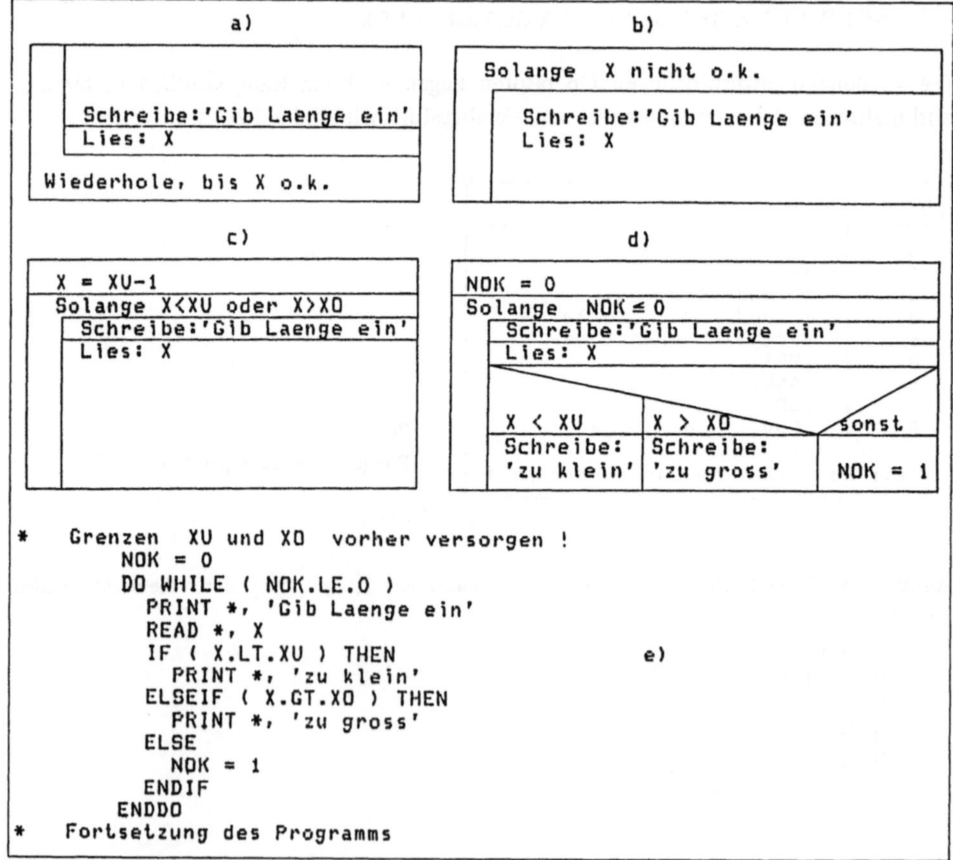


```
*   Grenzen  XU und XO  vorher versorgen !
      NOK = 0
      DO WHILE ( NOK.LE.0 )
        PRINT *, 'Gib Laenge ein'
        READ *, X
        IF ( X.LT.XU ) THEN
          PRINT *, 'zu klein'
        ELSEIF ( X.GT.XO ) THEN
          PRINT *, 'zu gross'
        ELSE
          NOK = 1
        ENDIF
      ENDDO
*   Fortsetzung des Programms
```

Bild 5.4 Beispiel einer Dateneingabe mit Datenprüfung

Der Beginn einer ereignisabhängigen Schleife wird codiert als

DOWHILE (logischer Ausdruck)

und das Ende als

ENDDO

Wegen der besseren Lesbarkeit sollten alle dazwischen stehenden Anweisungen (der Schleifenkörper) um 2 bis 3 Zeichen eingerückt werden! Die Schleife wird ausgeführt, solange der logische Ausdruck (s. Abschnitt 5.1) „wahr" ist. Damit die Schleife wieder verlassen werden kann, muß im Schleifenkörper der Wert mindestens einer der im steuernden logischen Ausdruck auftretenden Variablen verändert werden!

Wie bereits im Vorwort angesprochen, sind DOWHILE und ENDDO (noch) nicht in der FORTRAN-Sprachnorm, aber trotzdem in vielen Sprachdialekten enthalten. Sind sie verfügbar, sollten sie konsequent genutzt werden, solange nicht außergewöhnliche Gründe dagegen sprechen, wie z. B. der Zwang, ein uneingeschränkt portables Programm erstellen zu müssen.

■ *Aufgabe 5-b* Balken auf 2 Stützen

Ein waagerechter, auf 2 Stützen gelagerter Balken (Stützweite W) soll senkrechte Punktlasten aufnehmen. Zu ermitteln sind die Lagerkräfte.

Die Anzahl der Lasten soll beliebig sein. Sie wird aber nicht eingegeben. Stattdessen soll nach der Eingabe aller Lasten ein weiterer Datensatz mit lauter Nullen eingegeben werden, um dem Programm die Vollständigkeit der Eingabe mitzuteilen ($\Delta X_k = X_k - X_{k-1}$).

Eingabesätze: W

F_1	X_1
F_2	ΔX_2
⋮	
F_n	ΔX_n
0	0

Ausgabe: Beide Lagerkräfte ■

5.3 Alternative

Bei der Formulierung von Lösungswegen müssen mitunter Alternativen eingeplant werden. Je nach der aktuellen Situation soll entweder die eine oder eine andere Gruppe von Aktionen ausgeführt werden. Im Struktogramm werden derartige Passagen dargestellt wie in Bild 5.5. Der wesentliche Unterschied zu der Situation im Bild 5.1 liegt darin, daß der Blockinhalt jetzt keinen Beschränkungen unterliegen soll. Sowohl der Ja-Ast als auch der Nein-Ast dürfen beliebig groß und vor allem beliebig weiter untergliedert sein. Die Codierung in FORTRAN geschieht am besten mit dem Block-IF, wie ebenfalls in Bild 5.5 gezeigt.

Dieser Anweisungstyp stellt eine der wesentlichen Neuerungen in FORTRAN 77 im Vergleich mit FORTRAN IV dar.

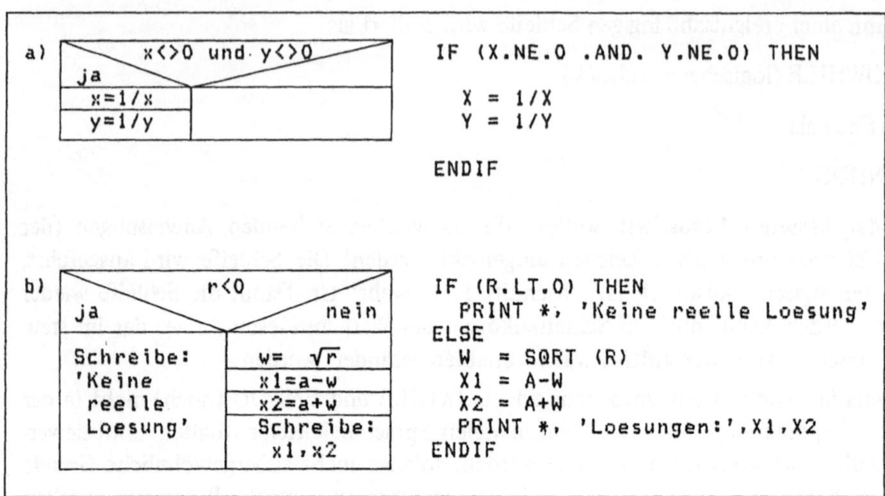

Bild 5.5 Beispiele von 2-Wege-Alternativen

Das *Block-IF* beginnt mit

IF (logischer Ausdruck) THEN

und endet mit der Zeile

ENDIF

Wie die Beispiele aus Bild 5.5 zeigen, kann das von IF ... THEN und dem korrespondierenden ENDIF eingerahmte Programmstück einen oder mehrere Blöcke enthalten. Unmittelbar unter IF ... THEN beginnt der „Ja-Block". Das ist das Programmstück, das ausgeführt wird, wenn die zwischen IF und THEN codierte Bedingung erfüllt ist. Der „Ja-Block" endet beim zugehörigen ENDIF oder einer zuvor auftretenden zugehörigen ELSE (bzw. ELSEIF ... THEN)-Anweisung. Falls die Anweisung ELSE auftritt, beginnt hier der „Nein-Block" (allgemeiner: „Sonst-Block"), der bis zum ENDIF reicht. Er wird ausgeführt, wenn die oben angesprochene Bedingung nicht erfüllt ist. Nachdem einer der Teilblöcke aus einem Block-IF durchlaufen ist, wird mit der Anweisung unter dem ENDIF fortgesetzt.

In Struktogrammen können nicht nur Zwei-Wege-, sondern auch Mehr-Wege-Alternativen auftreten. Auch dieser Strukturblock-Typ wird in FORTRAN mit dem Block-IF codiert. In Bild 5.6 sind Struktogramm- und FORTRAN-Version für ein Beispiel gegenübergestellt.

Neu ist die Anweisung

ELSEIF (logischer Ausdruck) THEN

Sie ist Blockgrenze. Der vorangehende Block endet unmittelbar davor, das nächste beginnt hier. Dieser Block wird ausgeführt, wenn seine Eingangsbedingung erfüllt ist und alle vorstehend aufgeführten (gleichrangigen) Bedingungen des Block-IF nicht erfüllt waren.

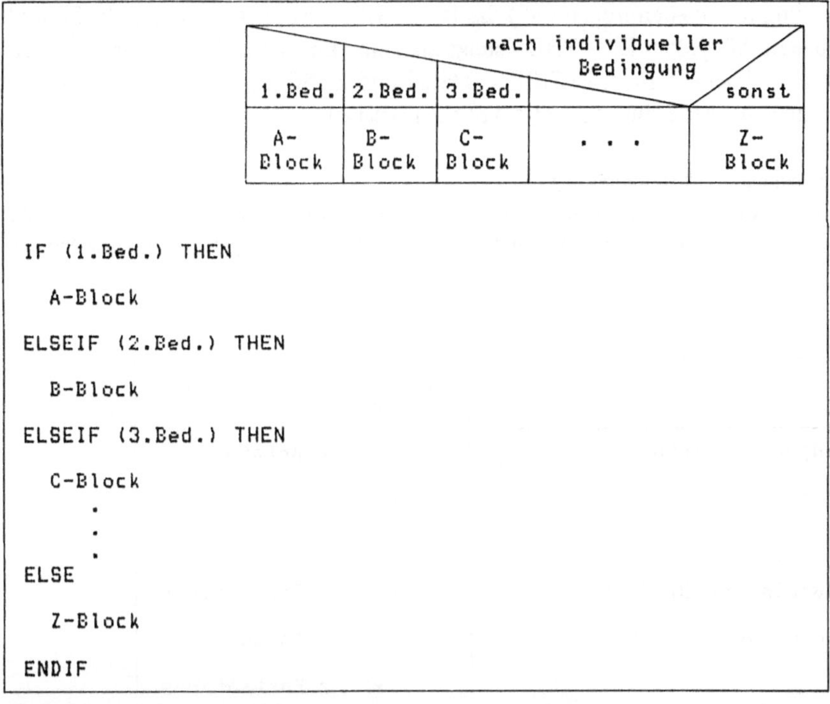

Bild 5.6 Mehr-Wege-Alternative im Struktogramm und in FORTRAN

In Bild 5.6 wird der „C-Block" ausgeführt, wenn die „1. Bed." und die „2. Bed." verletzt waren, hingegen die „3. Bed." erfüllt ist.
Weiter gilt für alle Varianten des Block-IF, daß genau ein Block durchlaufen und danach unter ENDIF fortgefahren wird. Ein leerer ELSE-Block kann weggelassen werden. Soll der ELSE-Block geschrieben werden, wird er als letzter codiert.

■ *Aufgabe 5-c* Die Funktion f (x) sei abschnittsweise definiert durch

$$f(x) = \begin{cases} e^x & , X < 0 \\ \cos\frac{\pi}{2}x & , 0 \leqslant X \leqslant 1 \\ \ln x & , 1 < X \end{cases}$$

Es ist ein Programm zu erstellen, das ein Argument x liest und den zugehörigen Funktionswert f (x) ausgibt.
In der nächsten Ausbaustufe sollen Argumenteingabe und Funktionswertausgabe gemeinsam in einer Schleife laufen. Die Zahl der Durchläufe soll beliebig sein und nicht vorab eingefragt werden. Woran kann das Programm erkennen, ob der Benutzer ein weiteres Argument eingeben oder den Lauf beenden will? ■

In voller Analogie zu den Struktogrammregeln dürfen die einzelnen Blöcke des Block-IF beliebig untergliedert werden. Insbesondere sind weitere Block-IF gestattet. Um sich in derartigen Schachtelungen zurechtzufinden, ordnet man gedanklich (warum nicht auch durch Einrückung im Quellenprogramm?) die IF ... THEN, ELSEIF ... THEN, ELSE und ENDIF in Ebenen. Mit jedem IF ... THEN steigt man eine Ebene hinab, mit jedem ENDIF kommt man eine Ebene zurück. ELSEIF ... THEN und ELSE gehören zu dem Block-IF der jeweils aktuellen Ebene. Bild 5.7 zeigt dafür ein Beispiel.

■ *Aufgabe 5-d* Brinellhärte mit Datenprüfung

Das Programm aus Aufgabe 4-e ist so zu erweitern, daß nach der Eingabe geprüft wird, ob sinnvolle Werte eingelesen werden (F > 0, d < D). Bei unbrauchbaren Daten soll ein Fehlerhinweis gegeben und die Eingabe wiederholt werden. ■

	Block-IF-Ebene
`IF (Bedingung 1) THEN`	m , Anfang
`  .`	
`  IF (Bedingung 2) THEN`	m+1 , Anfang
`  .`	
`  ENDIF`	m+1 , Ende
`  .`	
`ELSEIF (Bedingung 3) THEN`	m , Fortsetzung
`  .`	
`  IF (Bedingung 4) THEN`	m+1 , Anfang
`  .`	
`  ELSE`	m+1 , Fortsetzung
`  .`	
`    IF (Bedingung 5) THEN`	m+2 , Anfang
`    .`	
`    ELSEIF (Bedingung 6) THEN`	m+2 , Fortsetzung
`    .`	
`    ENDIF`	m+2 , Ende
`  .`	
`  ENDIF`	m+1 , Ende
`.`	
`ELSE`	m , Fortsetzung
`.`	
`ENDIF`	m , Ende
`.`	

Bild 5.7 Beispiel einer Block-IF-Schachtelung

*5.4 Schrittgesteuerte Schleife

Zahlreiche Schleifensteuerungen laufen nach dem Bildungsgesetz für arithmetische Reihen: pro Durchgang wird der Wert einer (steuernden) Variablen verändert, die Differenz aufeinander folgender Werte dieser Variablen ist konstant.

▶ ***Beispiele***

– Berechnung des arithmetischen Mittels $a_m = \frac{1}{n} \sum_{i=1}^{n} a_i$, die Anzahl n und die Summanden a_i sollen eingelesen werden.

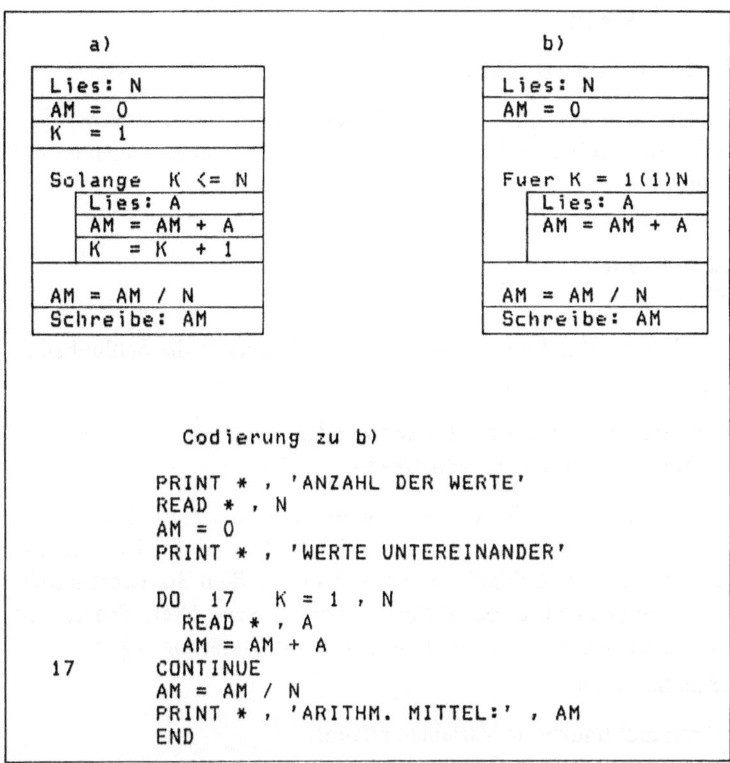

Bild 5.8 Arithmetisches Mittel

Die Steuerung sähe so aus, daß eine Zählvariable (z. B. K) bei Startwert 1 beginnend in jedem Schleifendurchgang um 1 erhöht wird (K = K + 1). In die Schleife wird hineingegangen bzw. dort verweilt, solange K ⩽ N ist. Bild 5.8 zeigt die vollständige Lösung.

– Tabellierung der Sinusfunktion von X = 0 an in Schritten von 0.1 bis höchsten $\pi/2$.

Zur Steuerung würde eine Argumentvariable (z. B. X) vor der Schleife auf 0 gesetzt. Die Schleife wird ausgeführt, solang X ⩽ $\pi/2$ ist. Letzte Aktion in der Schleife wäre die Erhöhung des Arguments um die geplante Schrittweite (X = X + 0.1). ◄

Fast alle Programmiersprachen und auch FORTRAN enthalten eine spezielle Anweisungsart, mit der diese Form der Schleifensteuerung bequem codiert werden kann. Hier ist es das DO-Statement:

DO lab Laufliste

► *Beispiele*

```
DO 33 K = 1, N
DO  9 X = 0., 1.57, 0.1
```
◄

DO markiert den Anfang einer mit konstanter Schrittweite gesteuerten Schleife. Zu der Schleife gehören die nachfolgenden ausführbaren Anweisungen bis einschließlich jener, die als Label die hinter DO stehende Zahl (lab) trägt. Das sollte CONTINUE sein.

Die allgemeine Form der Laufliste ist

Laufvariable = Startwert, Endwert, Schrittweite

Die Schrittweite (dann aber auch das davor stehende Komma) kann weggelassen werden. In diesem Fall wird die Laufvariable in Schritten von + 1 erhöht. Im allgemeinen nimmt sie der Reihe nach die Werte

Startwert,
Startwert + 1 * Schrittweite,
Startwert + 2 * Schrittweite

usw. an. Für jeden dieser Werte erfolgt ein Schleifendurchlauf, solange die Schlußbedingung noch nicht vorliegt. Schluß ist, wenn

Laufvariable > Endwert bei positiver Schrittweite oder
Laufvariable < Endwert bei negativer Schrittweite

gilt. Das heißt insbesondere, daß eventuell gar kein Schleifendurchlauf eintritt! Hier liegt übrigens ein gravierender Unterschied zwischen FORTRAN 77 und FORTRAN IV. Unter FORTRAN IV wurde eine DO-Schleife in jedem Fall mit dem Startwert durchlaufen, selbst wenn die Schlußbedingung von Anfang an vorlag. Wenn ältere Programme unter FORTRAN 77 nicht immer korrekt laufen, könnte hier die Erklärung liegen.

Im übrigen ist folgendes zu beachten:

- Als Laufvariable sind nur nichtindizierte Variablen erlaubt.
- Startwert, Endwert und Schrittweite dürfen Ausdrücke sein.
- Keine der in der Laufliste benutzten Variablen darf in der Schleife verändert werden.
- Nachdem die Schleife vollständig durchlaufen ist, hat die Laufvariable keinen durch die Sprachnorm abgesicherten Wert.
- Als Zahlentyp in Laufisten sollte INTEGER verwendet werden, erlaubt sind auch REAL und DOUBLEPRECISION.
- Letzte Anweisung der Schleife sollte die Leseanweisung CONTINUE sein, weil dadurch die Struktur des Quellenprogramms leichter erkennbar wird. Grundsätzlich erlaubt sind ausführbare Anweisungen (s. Kap. 9).

■ *Aufgabe 5-e* Schwerpunkt eines Massenpunktsystems

Für ein System räumlich verteilter Punktmassen (m_i, x_i, y_i, z_i, i = 1(1)n) sollen die Koordinaten des Gesamtschwerpunktes berechnet werden. Gewünscht ist ein MAIN, das die Anzahl der Massen liest und danach in einer Schleife die Einzelmassen mit ihren Ortskoordinaten. Es sollen keine indizierten Variablen verwendet werden.

Aufgabe 5-f Belastung dynamisch beanspruchter Lager

Für die Dimensionierung derartig belasteter (z.B. Wälz-)Lager wird die „dynamisch äquivalente Belastung" P benötigt. Sie wird im Fall konstanter Drehzahl aber veränderlicher Belastung aus einer zeitlichen Belastungsverteilung errechnet. Wenn n Belastungsstufen erfaßt werden sollen, jeweils mit der Belastung p_i und dem Zeitanteil q_i, wird nach folgender Formel gerechnet:

$$P = \sqrt[3]{\frac{1}{Q} \sum_{i=1}^{n} p_i^3 q_i} \qquad \text{mit } Q = \sum_{i=1}^{n} q_i$$

Es ist ein Programm zur Berechnung von P zu erstellen. Vorgesehene Eingabe:

n

$p_1 \quad q_1$

$p_2 \quad q_2$

$\vdots$

$p_n \quad q_n$ ■

5.5 Unterschiede zu BASIC

BASIC	Stichwort	FORTRAN
Nur in wenigen Sprachdialekten enthalten und dann meist nur als 2-Wege-Alternative	Alternative	Beliebig viele alternativ zu durchlaufende Parallelwege möglich durch Nutzung von IF (...) THEN, ELSEIF (...) THEN, ..., ELSE, ENDIF
IF Bedingung THEN Anw.	Bedingte Anweisung	IF (Bedingung) Anweisung
Meist keine eigene Befehlsart, stattdessen Manipulation der Laufvariablen in einer FOR-NEXT-Schleife	Ereignisabhängige Schleife	DOWHILE kennzeichnet den Anfang, ENDDO das Ende (s. Abschnitt 9.5)
FOR kennzeichnet den Anfang, NEXT das Ende	Schrittgesteuerte Schleife	DO kennzeichnet den Anfang, als Ende wird CONTINUE empfohlen. Die Variablen der Laufliste dürfen nicht verändert werden
< , = , > , >= , <> , <=	Vergleichsoperatoren	.LT., .EQ. , .GT. , .GE. , .NE. , .LE.

6 Deklarationen

Aufgrund der vordefinierten Zahltypen (Namen, die mit I, J, K, L, M oder N beginnen, bedeuten INTEGER, die restlichen sind vom Typ REAL) enthalten zahlreiche FORTRAN-Programme gar keine Deklarationsanweisungen. Es ist ein empfehlenswertes Prinzip, die Typen INTEGER und REAL nie zu deklarieren und, falls andere Typen benötigt werden, diese auch über den führenden Buchstaben zu kennzeichnen.

Im Einzelfall mag auch das nachstehende Prinzip sinnvoll sein, das sich allerdings nicht im Rahmen von Standard-FORTRAN realisieren läßt. Man unterdrückt sämtliche impliziten Typvereinbarungen und setzt sich damit unter Zwang, alle benötigten Variablen explizit zu deklarieren (wobei man sich für INTEGER und REAL trotzdem an die Standardfestlegung halten sollte). Eine große Hilfe für den Leser des Quellenprogramms ist, wenn auch die inhaltliche Bedeutung der Variablen als Kommentar hinter der Deklaration aufgeführt wird. Dieses Verfahren hat den positiven Nebeneffekt, daß schon aus Gründen der Bequemlichkeit die Anzahl der Variablen knapp gehalten wird. Das sollte die Lesbarkeit des Programms verbessern, vorausgesetzt, man hält sich konsequent an die eingangs formulierte Bedeutung der Variablen. Ferner werden die Schreibfehler von Namen in Anweisungen automatisch erkannt, wenn nicht zufällig ein anderer deklarierter Name getroffen wurde.

Entschließt man sich, egal als welchem Grunde, Deklarationen vorzunehmen, müssen sie stets unmittelbar an den Anfang der jeweiligen Programmeinheit gestellt werden. Dabei ist die in Bild 2.1 gezeigte Reihenfolge einzuhalten.

6.1 Indizierte Größen

Die bislang benutzten gewöhnlichen Variablen reichen für die Formulierung vieler Lösungswege aus. Wie verschiedene Beispiele belegt haben, gilt das mitunter auch dann, wenn bei der mathematischen Formulierung der Lösung indizierte Größen benutzt werden mußten.

In einer mathematischen Formel heißt Indexerhöhung oft, denselben Rechengang zu wiederholen – aber mit anderen Werten. In Programmen kann das in Schleifen mit gewöhnlichen Variablen erreicht werden, wenn man nur deren Wert so verändert, wie es der Indexerhöhung entspricht. Voraussetzung ist allerdings, daß die alten Werte später nicht mehr benötigt werden. Solange die Werte nicht von außen in das Programm eingespeist werden, ist auch ein Bildungsgesetz nötig, um den jeweils nächsten Wert ermitteln zu können.

Hat man sich trotz der damit oft verbundenen Nachteile (Laufzeiterhöhung, eingeengte Verwendbarkeit des Programms, Gefahr tückischer Programmierfehler) zur Verwendung indizierter Größen entschlossen, muß das dem Compiler in den Deklarationen am Anfang der betroffenen Programmeinheit mitgeteilt werden.

Man vereinbart sogenannte *Arrays*. Das sind Gruppen von Speicherworten, die unmittelbar hintereinander liegen. Die ganze Gruppe wird über den Arraynamen angesprochen, das einzelne Wort (besser: die einzelne indizierte Variable) über die zusätzliche Angabe des individuellen Index bzw. der individuellen Indexliste.

Zur Vereinbarung von Arrays dient die DIMENSION-Anweisung. Sie hat die Form

DIMENSION Arrayname (Indexbereich)

Der Name des Arrays, der nach den Namensregeln aus Kapitel 3 zu bilden ist, darf in dieser Programmeinheit dann nicht in anderer Bedeutung verwendet werden, z. B. als Name einer Variablen oder als Name eines Unterprogramms. Die Vereinbarung legt aber auch fest, ob ein einfach indiziertes (Vektor), ein zweifach indiziertes (Matrix) oder gar ein noch mehrfach indiziertes Array gemeint ist. Der Compiler bereitet die Platzreservierung so vor, daß sie beim Laden des Programms, also vor Beginn der Programmausführung, wirkt. Deshalb muß er die Arraygröße kennen, die ihm durch Nennung des Minimal- und Maximalwertes für jeden Index vermittelt wird. Dabei ist unwichtig, ob das vereinbarte Indexintervall später voll ausgeschöpft wird. Es darf aber auf keinen Fall überschritten werden!

► *Beispiele* von Arrayvereinbarungen

Vereinbarung eines Vektors VEK mit Indexbereich von 1 bis 3 durch

```
DIMENSION VEK (3)
```

Vereinbarung einer Matrix MA, bei der der erste Index zwischen 0 und 7, der zweite zwischen 0 und 3 variieren darf, durch

```
DIMENSION MA (0:7, 0:3)
```

Beide Vereinbarungen dürfen auch in einer Zeile stehen:

```
DIMENSION MA (0:7, 0:3), VEK (3)
```
◄

Die Indexangaben in der Arrayvereinbarung erfolgen in Form von vorzeichenlosen INTEGER-Konstanten. Die untere Grenze (Zahl vor dem Doppelpunkt) darf nicht größer sein als die obere, die untere Grenze 1 muß nicht geschrieben werden, wenn dann auch der Doppelpunkt weggelassen wird.

Eine indizierte Variable, das ist ein einzelnes Element eines Arrays, kann grundsätzlich genauso verwendet werden wie eine gewöhnliche Variable. Soweit in diesem Buch in einer FORTRAN-Regel nur von „Variable" die Rede ist, heißt das wahlweise mit oder ohne Index.

Wie wird der Datentyp einer indizierten Variablen bestimmt, wenn dafür keine Typdeklaration geschrieben wurde? Nun, das geschieht über den Arraynamen in genau der Form wie beim Namen einer gewöhnlichen Variablen. In den obigen Beispielen wurden also ein REAL-wertiger Vektor VEK und eine INTEGER-wertige Matrix MA vereinbart.

Die einzelne indizierte Variable wird durch Nennung des Arraynamens angesprochen, hinter dem in Klammern der aktuelle Index bzw. die aktuelle Indexliste stehen muß. Der einzelne Index wird als INTEGER-Ausdruck geschrieben.

▶ *Beispiele* indizierter Variabler:

MA (3, 2) | MA (17–11, 2 * K–1) | VEK (L)

Solange K zwischen 1 und 2 sowie L zwischen 1 und 3 jeweils einschließlich Grenzen liegt, wird in diesen Beispielen korrekt auf die oben vereinbarten Arrays zugegriffen. ◀

Es wurde bereits betont, daß indizierte Variablen grundsätzlich genau so verwendet werden können wie gewöhnliche. Zusätzlich gibt es mit der „impliziten Schleife" eine Möglichkeit, Gruppen von indizierten Variablen anzusprechen. Dieses Sprachelement darf in Lese- und Schreibelisten sowie in DATA-Anweisungen genutzt werden. Die *implizite Schleife* zum Lesen und Schreiben von Arrayelementen hat die allgemeine Form

(Variablenliste, Laufliste)

Die Laufliste (vergl. 5.4) wird als

Laufvariable = Anfangswert, Endwert

geschrieben. Dann ist die Schrittweite 1. Stattdessen darf auch eine beliebige Schrittweite vorgegeben werden:

Laufvariable = Anfangswert, Endwert, Schrittweite

In der Variablenliste stehen meistens die Namen indizierter Variabler, ggf. durch Komma getrennt, in deren Indexliste die Laufvariable vorkommt.

▶ *Beispiele* impliziter Schleifen (und ihre Bedeutung):

READ *, (A (M), M = 1, 4)	liest	A (1), A (2), A (3), A (4)
READ *, (X (N), Y (N), N = 1, 3)	liest	X (1), Y (1), X (2), Y (2), X (3), Y (3)
PRINT *, (B (M, 3), M = 3, 8, 2)	schreibt	B (3, 3), B (5, 3), B (7, 3) ◀

■ *Aufgabe 6-a* Skalarprodukt im R^n

Für 2 Vektoren

$$\vec{X} = X_1, X_2, \ldots, X_n$$
$$\vec{Y} = Y_1, Y_2, \ldots, Y_n$$

wird das Skalarprodukt $\vec{X} \cdot \vec{Y}$ nach der Formel

$$\sum_{i=1}^{n} X_i Y_i \quad (= X_1 \cdot Y_1 + X_2 \cdot Y_2 + \ldots + X_n \cdot Y_n)$$

berechnet. Es ist ein Programm zu schreiben, das wie folgt arbeitet:

1. Einlesen n ($n \leqslant 10$)
2. Einlesen aller Komponenten des Vektors $\vec{X}$
3. Einlesen aller Komponenten des Vektors $\vec{Y}$
4. Berechnung und Ausgabe des Skalarproduktes

Aufgabe 6-b Eine Matrix A mit drei Zeilen und vier Spalten

$$A = \begin{pmatrix} a_{11} & a_{12} \cdots & a_{14} \\ a_{21} & & \vdots \\ a_{31} & & a_{34} \end{pmatrix}$$

soll spaltenweise eingelesen und zeilenweise wieder ausgegeben werden. Wie lautet das Programm? ■

Sehen wir uns am Beispiel des Vektors VEK etwas genauer an, wie bei indizierten Variablen der Speicherzugriff geschieht.

In einer Tabelle ist die Anfangsadresse des Arrays VEK hinterlegt, das ist zugleich die Anfangsadresse für das Arrayelement mit dem vereinbarten Minimalindex, hier VEK (1). VEK (2) beginnt auf dem nächsten Wort, VEK (3) liegt auf dem darauffolgenden. Allgemein gilt

Anfangsadresse von VEK (L) = Anfangsadresse des Arrays +
(L-Minimalindex) * Variablenlänge

Nach dieser Formel wird die Anfangsadresse von VEK (L) auch für Werte von L gerechnet, die außerhalb der vereinbarten Grenzen liegen (hier Minimum 1 und Maximum 3). Es können also Speicherplätze angesprochen werden, die dafür nicht eingeplant waren. Wenn einem solchen Platz ein Wert zugewiesen wird, kann das schwerwiegende Folgen haben! Bei extremen Werten von L ergeben sich unsinnige Adressen mit der Konsequenz des Programmabbruchs. Ist die Grenzverletzung nicht ganz so arg, wird sie vielleicht nach einiger Zeit entdeckt, vielleicht aber auch gar nicht.

Programme mit einer solchen Indexüberziehung zeigen oft ein scheinbar absurdes Verhalten. Selbst nach vielen korrekten Einsätzen brechen sie bei bestimmten Datenkonstellationen zusammen oder liefern falsche Ergebnisse, was aus Anwendersicht meistens noch gefährlicher ist. Der Leser sollte sich dieses Phänomen gut einprägen!

Im Prinzip läßt sich die Indexüberziehung leicht vermeiden: Man muß doch „nur" jeden aktuellen Index separat berechnen, ihn gegen die Werte aus der Arrayvereinbarung prüfen und nur mit zulässigen Indizes auf das Array zugreifen. Oft kann die Prüfung der Grenzen auch über eine Compiler-Option aktiviert werden, so daß dafür keine zusätzlichen FORTRAN-Anweisungen zu schreiben sind. Diese Option sollte aber höchstens in der Testphase genutzt werden! Beim späteren Programmeinsatz würde die vom Compiler eingefügte Kontrolle der Grenzen zu stark erhöhten Laufzeiten führen.

Ist bei einer besonderen Aufgabenstellung die Indexkontrolle erforderlich, empfiehlt sich meistens der explizite Weg. Im Beispiel des oben dimensionierten Vektors VEK müßte der aktuelle Index mindestens mit dem vereinbarten Maximalwert 3 verglichen werden. Die ungeschickteste Lösung wäre, in einem solchen Vergleich die 3 als Konstante zu schreiben. Eine einfache Änderung des Maximalwertes in der DIMENSION-Anweisung erforderte das Aufsuchen und Anpassen aller Kontrollpassagen. Deshalb muß in diesen Vergleichen der Maximalwert zumindest als Variable codiert werden, der anfangs der vereinbarte Wert (hier 3) zugewiesen wird. Noch eleganter ist, den fraglichen Zahlenwert durch eine Anweisung der Form

PARAMETER (Name = Wert)

als PARAMETER zu deklarieren und den Wert mithin nur einmal zu schreiben. Sowohl in der Arrayvereinbarung als auch bei der Indexkontrolle kann dann der PARAMETER-Name benutzt werden.

▶ *Beispiel*

```
PARAMETER (MAXV = 3)
DIMENSION VEK (MAXV)
```
◀

In einer Anweisung dürfen zwischen den Klammern mehrere PARAMETER definiert werden, die untereinander durch Kommas zu trennen sind. Der symbolische Konstantenname (hier MAXV) darf in nachfolgenden Anweisungen verwendet werden. Falls für den Namen eine Typfestlegung erfolgen soll, muß das oberhalb der PARAMETER-Anweisung geschehen.

6.2 Textbearbeitung

Aufgrund der geschichtlichen Entwicklung der Sprache FORTRAN sind standardmäßig nur numerische Variablen vorgesehen. Sollen Texte auf Variablen hinterlegt werden, müssen im Deklarationsteil der betroffenen Programmeinheit CHARACTER-Variablen vereinbart werden.
Die explizite Typvereinbarung für CHARACTER-Variablen hat eine der drei Formen

CHARACTER Name * n
CHARACTER * n Name
CHARACTER * (*) Name
Name steht stellvertretend für einen Variablennamen, bei den ersten beiden Formen auch für Arrayname (Indexbereich), n legt die Anzahl der Zeichen fest, die die Variable aufnehmen können soll.

In einer Anweisung dürfen mehrere Variablen vereinbart werden, die betreffenden Angaben sind dann durch Kommas zu trennen. Die hinter dem Befehlskennwort festgelegte Länge darf auch individuell überschrieben werden.
Die dritte Fassung wird für PARAMETER-Konstanten und für Formalparameter in Unterprogrammen (Kap. 7) genutzt. Die Länge wird dann aus der Definition der Konstanten oder der Länge des Aktualparameters übernommen.

► ***Beispiele*** von Textvariablenvereinbarungen

```
CHARACTER * 10 IST, HEUTE, MONTAG * 2, JA
CHARACTER J * 3, NO * 4, JEIN
CHARACTER * (*) PA
```

Nach diesen Deklarationen wäre jeder der (String-)Variablen ein zusammenhängendes Stück des Speichers zugewiesen, das soviel Zeichen aufnehmen kann, wie in der Deklaration festgelegt. Im ersten Beispiel gilt die Länge 10 für alle aufgeführten Namen, außer MONTAG. Im zweiten wurde sie pro Name individuell festgelegt. JEIN ist ein Zeichen lang.
Mit der unterhalb der Typvereinbarung zu schreibenden Anweisung

```
PARAMETER (PA = 'TESTFALL')
```

hätte PA die Länge 8 erhalten. ◄

Stringvariablen können in der gleichen Weise mit Inhalt versehen werden wie numerische Variablen, also auch durch Wertzuweisungen in der aus Kapitel 3 bekannten Form:

Variable = Ausdruck

Der Ausdruck ist eine Literalkonstante, CHARACTER-Variable, CHARACTER-Funktion oder eine Verkettung solcher Komponenten durch den *Stringkonnektor*, den doppelten

Schrägstrich. Der resultierende String wird in der vor dem Gleichheitszeichen stehenden Variablen linksbündig gespeichert. Links wie rechts vom Gleichheitszeichen dürfen anstelle von Variablen auch Substrings (das ist ein zusammenhängender Teil einer Stringvariablen) verwendet werden.

► ***Beispiele***

Anweisung			Wirkung		
J	=	'JA'	J	=	JA.
NO	=	'NEIN'	NO	=	NEIN
HEUTE	=	J//'H'	HEUTE	=	JA.H......
IST	=	NO(2:3)	IST	=	EI........
IST(3:5)	=	'MER'	IST	=	EIMER.....
			(jeder . markiert eine Leerstelle)		

Die Beispiele sind als Folge von Anweisungen gemeint. Es sollen die oben genannten Deklarationen gelten. Das 3. Beispiel zeigt die Verkettung von Strings. Die Leerstelle zwischen A und H rührt daher, daß J als Variable der Länge 3 vereinbart wurde. Um unerwünschte Zwischenräume zu vermeiden, muß die Substring-Schreibweise benutzt werden, wie im 4. Beispiel demonstriert. ◄

Beim Ansprechen von *Substrings* sind folgende Schreibregeln einzuhalten.

- Name (a:e) bezeichnet den Teil der CHARACTER-Variablen Name, der von der a-ten bis zur e-ten Position reicht.
- Für die Positionsangaben, die als INTEGER-Ausdruck zu schreiben sind, gilt

  $1 \leqslant a \leqslant e \leqslant$ Deklarationslänge.

- Für eine Substringangabe muß der Doppelpunkt geschrieben, aber die Grenzen a oder e dürfen weggelassen werden. Bei fehlendem a beginnt der Teilstring bei Position 1, bei fehlendem e endet er beim physischen Ende der Variablen.
- Substringoperationen dürfen erst ausgeführt werden, wenn die betreffende Stringvariable zuvor einen Wert zugewiesen bekommen hat.

Für den Umgang mit Zeichenketten (String) stehen standardmäßig die Funktionen LEN und INDEX zur Verfügung. Die Argumente dürfen Stringausdrücke sein.

LEN (String)

liefert die Länge des Strings als INTEGER-Wert.

Verwendet wird diese Funktion z.B., um die momentane Länge von Variablen zu erfahren, die mit CHARACTER * (*) deklariert wurden.

Mit INDEX wird ein String daraufhin untersucht, ob er einen vorgegebenen Teilstring enthält. Das (INTEGER-)Resultat ist 0, wenn der Teilstring nicht vorkommt. Andernfalls wird die Anfangsposition des ersten Auftretens geliefert. Die Schreibweise ist

INDEX (String, Teilstring)

■ *Aufgabe 6-c* Welche Werte erhalten die Variablen N1, N2, N3, N4, L1 und L2 durch die nachfolgenden Anweisungen?

```
CHARACTER A, B * 2, C, Q * 30, T * 4
Q = 'ABCAABBCC'
A = 'A'
B = 'B'
C = 'C'
T = 'BBC'
N1 = INDEX (Q, A)
N2 = INDEX (Q, B)
N3 = INDEX (Q, C)
N4 = INDEX (Q, T(2:3))
L1 = LEN (B)
L2 = LEN (A//T)
```

■

Es soll noch einmal betont werden, daß beim Gebrauch von Stringvariablen diese immer mit ihrer vollen physischen und nicht etwa nur mit ihrer logischen Länge eingehen.

*6.3 Logische Größen

In diesem Abschnitt soll ein weiterer, nicht numerischer Datentyp des FORTRAN vorgestellt werden, der Typ LOGICAL. Da wegen der Standardtypvereinbarung alle Namen grundsätzlich dem numerischen Bereich zugeordnet sind, müssen logische Variablen vereinbart werden:

LOGICAL Namensliste

Hinweise zur Plazierung dieses Statements befinden sich in Abschnitt 2.1. In der Namensliste stehen, durch Kommas getrennt, die Namen der Variablen, Arrays und ggf. von Funktionen, die als logische Größen angelegt werden sollen. Als solche können sie einen der Wahrheitswerte „wahr“ bzw. „falsch“ annehmen. Diese beiden *logischen Konstanten* werden in FORTRAN als

.TRUE. bzw.
.FALSE.

geschrieben.

Damit läßt sich die Definition des „logischen Ausdrucks“ (s. Abschnitt 5.1) etwas allgemeiner fassen.

Ein *logischer Ausdruck* enthält Vergleiche, logische Variablen, logische Konstante oder Aufrufe logischer Funktionen. Treten 2 oder mehr solcher Terme auf, müssen sie durch die Operatoren .AND., .OR., .EQV. oder .NEQV. verknüpft sein. Zur Steuerung der Auswertungsreihenfolge (vgl. Bild 5.3) sind Paare runder Klammern erlaubt. Falls gewünscht, kann ein einzelner Wahrheitswert durch Voranstellen von .NOT. in sein Gegenteil verkehrt werden.

Zusätzlich zu den schon erörterten Verwendungen in IF- und DOWHILE-Anweisungen dürfen logische Ausdrücke auch auf der rechten Seite einer Wertzuweisung stehen. Allerdings muß dann vor dem Gleichheitszeichen eine logische Variable stehen, die grundsätzlich auch indiziert sein darf. Logische Variable sind natürlich auch in Lese- und Schreibelisten gestattet.

■ *Aufgabe 6-d* Erstellung eines Programms, das prüft, ob Testpunkte in einem vorgegebenen (ebenen) Dreieck liegen

Für die von $P_i = (x_i, y_i)$ nach $P_k = (x_k, y_k)$ orientierte, durch P_i und P_k laufende Gerade kann mit der Funktion

$$s(x, y) = (y - y_i)(x_k - x_i) - (y_k - y_i)(x - x_i)$$

entschieden werden, auf welcher Seite der Geraden ein vorgegebener Punkt (x_0, y_0) liegt:

$$s(x_0, y_0) \begin{cases} < 0 & \text{Punkt liegt rechts von der Geraden} \\ = 0 & \text{Punkt liegt auf der Geraden} \\ > 0 & \text{Punkt liegt links von der Geraden} \end{cases}$$

Man schreibe ein Programm, das zunächst (einmal) die Koordinaten der Ecken eines Dreiecks einliest. Sodann sollen die Koordinaten von Testpunkten gelesen und festgestellt werden, ob der jeweilige Punkt zum Dreieck einschließlich des Randes gehört. Bei einer guten Lösung ist die Zahl der Testpunkte (ohne Programmänderung!) beliebig wählbar. ■

*6.4 Spezielle Zahlarten

Für die große Masse der Berechnungsprobleme sind die standardmäßigen REAL-Zahlen völlig ausreichend. Der Benutzer der Programme hat normalerweise keine Nachteile davon, daß der Computer nur mit Näherungswerten für die bei korrekter Rechnung auftretenden reellen Zahlen arbeitet (vgl. Abschnitt 3.5). Es gibt jedoch auch Problemstellungen, zu deren Lösung die REAL-Genauigkeit nicht ausreicht. Für diese Fälle bietet das Norm-FORTRAN den Datentyp DOUBLEPRECISION, mit dem die kritische Grenze ein beträchtliches Stück hinausgeschoben werden kann.

DOUBLEPRECISION-Größen unterscheiden sich von REAL durch eine verlängerte Mantisse. In der Regel wird doppelt soviel Platz wie für einen REAL-Wert belegt. Da der zusätzliche Platz voll für die Mantisse zur Verfügung steht, wird damit die Zahl der mitgeführten Dualziffern deutlich mehr als verdoppelt.

DOUBLEPRECISION-Konstanten schreibt man als Folge dezimaler Ziffern, eventuell mit Vorzeichen, eventuell mit Dezimalpunkt, setzt hinter die Mantisse den Buchstaben D und fügt einen (als INTEGER geschriebenen) Dezimalexponenten an. Der formale Unterschied zur entsprechenden REAL-Konstanten ist also nur, daß dort Mantisse und Exponent durch den Buchstaben E getrennt waren.

DOUBLEPRECISION-Variablen werden am Anfang (vgl. Abschnitt 2.1) der jeweiligen Programmeinheit vereinbart:

DOUBLEPRECISION Namensliste

In der Namensliste stehen durch Kommas getrennt die Namen der Variablen, Arrays und ggf. von Funktionen, die als DOUBLEPRECISION-Größen angelegt werden sollen.

▶ *Beispiel*

DOUBLEPRECISION XN, EPS, PHI, XA ◀

Der Übergang auf DOUBLEPRECISION bedeutet neben erhöhtem Speicherbedarf, was meist unkritisch ist, vor allem erhöhte Rechenzeiten, und das heißt gewöhnlich erhöhte Kosten für den Programmeinsatz. Daher sollte nicht voreilig von REAL abgegangen werden. Hat man sich jedoch entschlossen, mit verlängerten Mantissen zu rechnen, muß das konsequent für die gesamte Berechnung getan werden. Der Compiler würde zwar mixed-mode-Rechnung akzeptieren, aber der erstrebte Genauigkeitsgewinn wird in der Regel nicht erreicht, wenn ein Teil der Rechnung in REAL verbleibt.

■ *Aufgabe 6-e* Doppelt genaue Lösung von $x = \varphi(x)$

Man bearbeite erneut das in Aufgabe 7-f dargelegte Problem. Dieses Mal sollen aber die Parameterübergabe und die gesamte Rechnung in DOUBLEPRECISION erfolgen. Als Fehlerschranke sind Werte zwischen 10^{-12} und 10^{-16} sinnvoll. (Falls gegenüber der REAL-Version keine Ergebnisverbesserungen auftreten, sind wahrscheinlich noch REAL-Größen im Programm.) ■

Als „Programmiersprache des Ingenieurs" enthält FORTRAN natürlich auch komplexe Zahlen. Dadurch ist es möglich, Sachverhalte aus verschiedenen Ingenieurdisziplinen, die üblicherweise mittels komplexer Zahlen formuliert werden, direkt in FORTRAN zu übertragen.

Komplexe Konstanten werden als eingeklammertes Paar von zwei durch Komma getrennten INTEGER- oder REAL-Konstanten geschrieben. Vorn steht der Real-, hinter dem Komma der Imaginärteil.

▶ *Beispiele*

(0, 1) entspricht der imaginären Einheit j
(1.2, 3) entspricht 1.2 + 3j ◀

Komplexe Variablen werden am Anfang (vgl. Abschnitt 2.1) der jeweiligen Programmeinheit vereinbart:

COMPLEX Namensliste

In der Namensliste stehen durch Kommas getrennt die Namen der Variablen, Arrays und ggf. von Funktionen, die als komplexe Größen angelegt werden sollen.

▶ *Beispiel*

COMPLEX JOT, COM, PLEKS
und später vielleicht
JOT = (0, 1) ◀

Da der FORTRAN-Compiler bei Bedarf von sich aus Typkonvertierungsbefehle einfügt, darf man komplexe Größen grundsätzlich mit den anderen numerischen Datentypen verknüpfen. Will man hingegen die Konvertierung in die Hand nehmen, benutzt man die Funktion

CMPLX (A)

Da es sich um eine „Generic"-Funktion handelt, sind als Argument A die Typen INTEGER, REAL und DOUBLEPRECISION erlaubt.

Umgekehrt kann man sich vom Imaginärteil einer komplexen Zahl durch Wertzuweisung auf eine nicht komplexe, numerische Variable befreien. Es geht aber auch mit einer der (generischen) Typkonvertierungsfunktionen (s. Bild 3.1), z. B.

REAL (COM)

Für weitergehende Aktionen benötigt man eventuell die (nicht generischen) Funktionen

AIMAG (COM)

zur Isolierung des Imaginärteils des komplexen Arguments COM, oder

CONJG (COM)

um die konjugiert komplexe Zahl zu COM zu erhalten.

■ *Aufgabe 6-f* Euler-Gleichung

Im Körper der komplexen Zahlen gilt die Euler-Gleichung

$e^{jx} = \cos x + j \sin x$ (j = imaginäre Einheit, x reell)

Man schreibe ein kleines Kontrollprogramm, das ein reelles Argument x liest und dazu nebeneinander ausgibt:

$\mathrm{Re}\,(e^{jx})$, $\cos x$, $\mathrm{Im}\,(e^{jx})$, $\sin x$

(Die ersten beiden und die letzten beiden Zahlen sollten hinreichend übereinstimmen). Das Programm soll als Schleife konzipiert werden, die nach der Eingabe von x = 0 verlassen wird. ■

*6.5 EQUIVALENCE und COMMON

Der FORTRAN-Programmierer kümmert sich in der Regel nicht um die Frage, welches konkrete Speicherwort einer bestimmten Variablen seines Programms entspricht. Diese Zuordnung wird von Dienstprogrammen erledigt, wobei der Compiler einen wesentlichen Anteil übernimmt. Wenn er mit der Übersetzung einer Programmeinheit anfängt, beginnt er mit einer leeren Variablentabelle. Den Namen der ersten Variablen, die er im Quellenprogramm findet, setzt er an den Tabellenanfang und ordnet ihr einen Speicherplatz zu. Die nächste Variable trägt er darunter in die Tabelle ein und ordnet den nächsten Speicherplatz zu usw. Diese Tabelle steht nur in der aktuellen Programmeinheit zur Verfügung. Man sagt auch, alle Variablen seien „lokal". Wenn der Compiler die nächste Programmeinheit übersetzt, beginnt er wieder mit einer leeren Variablentabelle. Variablen aus anderen Programmeinheiten sind nicht ansprechbar – weder absichtlich noch versehentlich. Analog verfährt der Compiler mit den Arrays. In einer Arraytabelle notiert er den Arrayanfang. Der wesentliche Unterschied zur Variablentabelle besteht darin, daß auch die individuelle Gesamtgröße der Arrays eingearbeitet wird.

In diese standardmäßige Platzzuordnung kann mit zweierlei Zielsetzung eingegriffen werden:

1. Die Variablen bleiben lokal, ein neuer Variablenname bekommt aber keinen neuen Platz zugewiesen (EQUIVALENCE).

2. Variablen sollen nicht lokal, sondern außerhalb der aktuellen Programmeinheit plaziert werden (COMMON).

Mit der Anweisung

EQUIVALENCE (A, L, X (9))

wäre erreicht, daß die Anfangsadressen der Variablen A und L sowie der indizierten Variablen X(9) identisch sind. Sofern die beiden Variablen nicht in Typdeklarationen aufgeführt sind, entspricht ihnen also ein und dasselbe Speicherwort. Eine Zuweisung auf L würde auch den Wert von A verändern. Die Bitfolge, die nach der INTEGER-Konvention entstand und als L gespeichert wurde, würde nach der REAL-Konvention interpretiert, wenn jetzt A verwendet wird. Zwischen dem Wert von A und dem von L besteht aber gewöhnlich kein erkennbarer Zusammenhang. Das wirft die Frage nach dem Sinn der EQUIVALENCE-Anweisung auf.

Bei der Bearbeitung „klassischer Berechnungsprobleme" wird heute kaum Bedarf für diesen Anweisungstyp sein. Das war zu Zeiten von FORTRAN IV anders. Damals wurde die EQUIVALENCE-Anweisung z.B. eingesetzt, um in Arrays den Index 0 zu ermöglichen, obwohl in den Arrayvereinbarungen nur Platz für positive Indices angefordert werden konnte.

Unter FORTRAN 77 kann die EQUIVALENCE-Anweisung nützlich sein, wenn besonders komplizierte oder besonders datenintensive Probleme bearbeitet werden müssen oder wenn das Programm bewußt die interne Datendarstellung berücksichtigt, also maschinennah formuliert ist. So lassen sich Record-Strukturen nachahmen, wie sie in anderen Programmiersprachen und auch in einigen firmenspezifischen FORTRAN-Erweiterungen enthalten sind.

► Ein kleines Problem sei kurz erläutert, das mit der EQUIVALENCE-Anweisung gelöst wird. Wie kann einer REAL-Variablen X angesehen werden, ob ihr im aktuellen Programm ein Wert zugewiesen wurde?

Am Programmanfang sind alle Variablen angelegt. Ihr Wert ist in der Regel die Bitfolge, die ein früheres Programm auf den entsprechenden Plätzen hinterlassen hat. Die Sprachnorm sieht jedenfalls keine Regelung wie Null- oder Blanksetzen vor. Mit

```
EQUIVALENCE (X, KX)
KX = 1
```

zu Beginn des Programms und keiner weiteren Veränderung von KX ist das gestellte Problem gelöst; denn die Bitfolge der INTEGER-Eins ist als REAL-Wert unzulässig (vgl. Abschnitt 3.5). Ist der log. Ausdruck

KX.EQ.1

wahr, wurde X noch nicht versorgt, ist er hingegen falsch, hat X einen Wert zugewiesen bekommen. ◄

Die allgemeine Form der EQUIVALENCE-Anweisung ist

EQUIVALENCE (Variablenliste)

In der Variablenliste stehen gewöhnliche oder indizierte Variablen beliebiger Typen, die aufgrund dieser Anweisung alle an der gleichen Stelle im Speicher beginnen. Zu beachten ist, daß Arrays zusammenhängend bleiben. Tritt in der EQUIVALENCE-Anweisung eine

indizierte Variable auf, bedeutet das eine Plazierungsvorschrift für das gesamte Array! Werden Elemente eines Arrays mehrfach angesprochen, muß auf die Verträglichkeit der Plazierungsanordnungen geachtet werden.
Hinter der schließenden Klammer darf mit einem Komma und der nächsten eingeklammerten Liste fortgesetzt werden.

▶ *Beispiele*

```
DIMENSION A (7), A0 (3), T (5), D (4)
EQUIVALENCE (A (1), A0 (2)), (X, U)
```

Das ergibt folgende Anordnung im Speicher:

Array A:		(1)	(2)	(3)	(4)	(5)	(6)	(7)	Variable X: ⌴
Array A0:	(1)	(2)	(3)						Variable U: ⌴

Damit wäre das Array A um ein Element nach vorn verlängert, A (0) also sinnvoll ansprechbar. Man könnte sich getrost „ein X für ein U vormachen"; denn mit beiden Namen wird derselbe Speicherplatz angesprochen.
Unsinnig ist

```
EQUIVALENCE (T (1), D (2)), (T (3), D (3))
```

Aus der 1. Anordnung folgt, daß T (3) und D (4) übereinstimmen, was mit der 2. Zuordnung kollidiert. ◀

Der COMMON bietet neben den Parameterlisten eine zweite Möglichkeit, Daten zwischen verschiedenen Programmeinheiten auszutauschen. Der Erläuterung, wie das geht, sei eine Warnung vorangestellt. Wer Unterprogramme so schreiben will, daß sie später von anderen unverändert benutzbar sein sollen, darf darin keinen COMMON verwenden! Der COMMON übt soviel Zwang aus, daß damit versehene Unterprogramme praktisch nur in der Umgebung nutzbar sind, in der sie entstanden. Bei laufzeitkritischen Anwendungen mit sehr hoher Anzahl von Unterprogrammaufrufen oder großen auszutauschenden Datenmengen greift man hingegen eher zum COMMON.
Die COMMON-Anweisung hat die Form

COMMON/Commonblock/Commonvariablen

Mit Commonblock ist ein nach den allgemeinen Namensregeln zu bildender Name gemeint. Er dient nur der Identifizierung. Er muß sich von den Namen aller Programmeinheiten unterscheiden. Diese Technik des „benannten COMMON" bietet die Chance eines wohldosierten Zugriffs zu den COMMON-Größen. Es lassen sich Gruppen von Unterprogrammen bilden, die untereinander über einen individuellen Commonblock Daten austauschen, ohne mit anderen Unterprogrammen in Kollision zu geraten, die sich über einen anderen Commonblock verständigen.

▶ *Beispiel*

(UP1)	(UP2)	(UP3)
COMMON/C1/A	COMMON/C3/D	COMMON/C1/E, F
COMMON/C3/B		
COMMON/C1/C		

Die drei Programmeinheiten UP1, UP2 und UP3 sollen die darunterstehenden COMMON-Anweisungen enthalten. Dann könnte UP1 sowohl mit UP2 als auch mit UP3 korrespondieren, während UP2 und UP3 keine Daten über den COMMON austauschen. ◀

Mit „Commonvariablen" ist eine durch Kommas getrennte Auflistung von Variablen- und Arraynamen oder Arrayvereinbarungen gemeint. Innerhalb der einzelnen Commonblöcke werden die Commonplätze der Reihe nach den (gewöhnlichen oder indizierten) Variablen zugeordnet, die in den COMMON-Anweisungen einer Programmeinheit stehen. Daher ist jeder Commonplatz von verschiedenen Programmeinheiten her grundsätzlich über verschiedene Namen ansprechbar.

Im obigen Beispiel umfaßt der C1-COMMON 2 Plätze, der C3-COMMON nur einen. Die Variable F aus UP3 belegt den gleichen Platz wie C in UP1, nämlich den 2. Platz in C1.

Wenn es auch korrektes FORTRAN ist, sei doch vor der zu freizügigen Wahl der Namen für COMMON-Variablen gewarnt. Es erhöht die Lesbarkeit von Programmen beträchtlich, wenn ein und derselbe Commonplatz in den verschiedenen Programmeinheiten, von wo er ansprechbar sein soll, immer den gleichen Namen trägt.

Solange nur INTEGER- und REAL-Variablen in den COMMON eingestellt werden, sind keine weiteren Nebenbedingungen zu beachten. Werden jedoch COMPLEX oder DOUBLE-PRECISION-Variablen hinzugenommen, sollten diese am Anfang der Commonblöcke plaziert werden. Anders formuliert: Die numerischen Variablen sollten im Commonblock nach absteigender Länge aufgeführt sein. Auf diese Weise ist sichergestellt, daß der Bereich vom Anfang des Commonblocks bis zum Anfang einer seiner Variablen immer ein ganzes Vielfaches der Variablenlänge ist. Diese Bedingung muß der Compiler einhalten, und wenn es bei einer Variablen nicht paßt, schiebt er davor eine geeignete Lücke ein, was an anderer Stelle zu Problemen führen kann.

Diese Reihenfolgebedingungen kann man außer acht lassen, wenn man – wie bereits empfohlen – in allen betroffenen Programmeinheiten identische COMMON-Anweisungen benutzt (einmal schreiben und dann duplizieren!). Zumindest sollte aber die Struktur eines Commonblocks überall gleich sein. Das gilt insbesondere, wenn CHARACTER-Variablen hinzugenommen werden, die man tunlichst erst hinter den numerischen (und den LOGICAL-) Variablen aufführt.

*6.6 Initialisierung

Die FORTRAN-Sprachnorm enthält keine Regelung dafür, mit welchen Werten die Variablen zu Beginn der Programmausführung versorgt sind. Daher sollte man grundsätzlich von zufälligen Startwerten ausgehen, selbst dann, wenn man auf seinem Rechner ein planmäßiges Verhalten beobachtet hat. Sind für bestimmte Variablen bestimmte Startwerte nötig, erzeugt man diese durch geeignete FORTRAN-Anweisungen. Dabei ist sorgfältig zu überlegen, ob die geplanten Werte wirklich nur beim Laden des Programms benötigt werden. Ausschließlich für diese Situation sind die nachstehend erläuterten, nicht ausführbaren Anweisungen verwendbar.

Konstanten können mit dem in Abschnitt 6.1 vorgestellten PARAMETER-Statement erzeugt werden. Für Variablen steht die DATA-Anweisung zur Verfügung:

DATA Variablen/Startwerte/

Es können einzelne Variablen, Teile von Arrays (über implizite Schleifen) oder ganze Arrays (durch Nennung des Arraynamens) angesprochen werden. Die einzelnen Terme sind durch Kommas zu trennen.

Zwischen den schrägen Strichen, die die Startwerte begrenzen, müssen soviel Anfangswerte bereitgestellt werden, wie davor (gewöhnliche oder indizierte) Variablen aufgeführt sind. Auch hier dient das Komma als Trennzeichen. Die Startwerte werden der Reihe nach den Variablen zugewiesen und müssen mit diesen im Datentyp übereinstimmen. Die Werte sind als Konstante oder vorher definierte PARAMETER zu schreiben. Wahlweise darf eine Wiederholzahl vorangestellt werden, die durch einen Stern vom Wert getrennt wird.

▶ ***Beispiel*** Alle Variablen und Arrayelemente sollen auf 1 gesetzt werden. Um die Varianten zu demonstrieren, wird eine unnötig lange Version vorgestellt.

```
PARAMETER (N = 3)
CHARACTER * 1 EINS
DIMENSION M (N), B (4)
DATA B (4), K, M, (B (L), L = 1, N), EINS/1., 4 * 1, N * 1., '1'/
```
◀

In der bislang erläuterten Form darf die DATA-Anweisung grundsätzlich für lokale Variablen aller Programmeinheiten eingesetzt werden. Problematisch ist aber ihr Gebrauch in FUNCTION- oder SUBROUTINE-Unterprogrammen; denn sie wirkt nur beim Laden des Programms. Ein damit versehenes Unterprogramm startet also beim ersten Aufruf eventuell mit anderen Werten als bei den späteren Aufrufen.

Variablen aus benannten Commonblöcken können ebenfalls initialisiert werden. Das darf aber nicht in irgendeiner Programmeinheit, sondern muß in einem eigens für diesen Zweck gedachten *BLOCKDATA-Unterprogramm* erfolgen. Das ist eine Programmeinheit, die mit BLOCKDATA beginnt, mit END endet und in ihrem Inneren keine ausführbaren Anweisungen enthält. Das BLOCKDATA-Unterprogramm wird nicht aufgerufen – wozu auch, es soll doch beim Laden des Programm wirksam werden.

Wenn auch nur ein einziger Platz eines Commonblocks versorgt werden soll, muß dennoch der gesamte Commonblock deklariert werden! In keiner „echten" Programmeinheit darf dieser Commonblock mehr Plätze umfassen. Unter der COMMON-Deklaration werden mit DATA-Anweisungen die Startwerte festgeschrieben. Der Commonblock muß aber nicht vollständig initialisiert werden. Hingegen dürfen mehrere Commonblöcke vollständig deklariert und nach Bedarf mit Startwerten versorgt werden. Natürlich sind auch hier die Reihenfolgevorschriften für die verschiedenen Anweisungsarten einzuhalten (s. Abschnitt 2.1).

▶ ***Beispiel*** Zu dem COMMON-Beispiel aus Abschnitt 6.5 würde passen:

```
BLOCKDATA
COMMON/C1/X, Y
DATA X, Y/2 * 0.0/
END
```
◀

6.7 Unterschiede zu BASIC

BASIC	Stichwort	FORTRAN
Arrays müssen nur vereinbart werden, wenn von der rechnerabhängigen Standardgröße abgewichen werden soll	Arrayvereinbarung	Arrays müssen immer vereinbart werden
Mit DATA wird eine programminterne Datei definiert, die über READ ansprechbar ist	DATA	Mit der DATA-Anweisung werden Variablen initialisiert
Standard sind numerische und Stringvariablen	Datentypen	Standard sind INTEGER und REAL. Weitere numerische und nicht numerische Typen können vereinbart werden
Während der Programmausführung können Arraygrößen grundsätzlich verändert werden	Dynamische Speicherzuordnung	Veränderung von Arraygrößen während der Programmausführung ist nur in begrenztem Maße möglich (s. Kapitel 7.4)
Mit dem Namen wird der momentan gefüllte Teil der Stringvariablen angesprochen	Logische Länge einer Stringvariablen	Mit dem Namen wird stets die Stringvariable in ihrer deklarierten physischen Länge angesprochen
Variablen- und Arraynamen dürfen übereinstimmen	Namens-Eindeutigkeit	Namen haben in der Programmeinheit, in der sie auftreten, genau eine Bedeutung. Sie bezeichnen eine Variable oder ein Array oder ein Unterprogramm
Der Name endet mit dem Dollarzeichen. Maximallänge und Standard-Längenvereinbarung sind rechnerabhängig	Stringvariable (CHARACTER-V, Zeichenketten-V.)	Sie müssen vereinbart werden, dabei erfolgt auch die Festlegung der physischen Länge
Teile von Zeichenketten sind oft nur über spezielle Funktionen (LEFT$, MID$, RIGHT$) ansprechbar	Substring	Beliebige zusammenhänge Teile eines Strings sind in der Form Name (von : bis) direkt ansprechbar

7 Unterprogrammtechnik

Die Sprache FORTRAN unterstützt in hervorragender Weise den Gebrauch vorhandener Unterprogramme. Auch das Erstellen von Unterprogrammen gestaltet sich einfach. Wer die hier gebotenen Möglichkeiten sinnvoll nutzt, kann sich im Laufe der Zeit einen Vorrat von Unterprogrammen schaffen, auf die er bei späteren Programmentwicklungen problemlos zurückgreifen kann.

Zwei Aspekte gilt es klar zu trennen:

1. Erstellung von Unterprogrammen. Welche grundlegenden Prinzipien sind einzuhalten? Welche besonderen Anweisungsarten kommen zum Tragen bzw. sollten gemieden werden?
2. Verwaltung von Unterprogrammen. Werden Unterprogramme anders archiviert als Hauptprogramme? Wie erfährt ein Interessent, welche Unterprogramme schon existieren? Welcher Aufwand ist nötig, um diese benutzen zu könnnen?

Erörtern wir zunächst den 2. Punkt! Standardfunktionen (vgl. Abschnitt 3.1 oder 7.3) werden in der Anweisung angesprochen, wo man sie braucht. Der FORTRAN-Programmierer registriert kaum, daß er damit die Ausführung einer Menge von Anweisungen veranlaßt. Normalerweise braucht er sich auch nicht darum zu kümmern, wo diese Anweisungen hinterlegt sind. Im Link-Schritt werden sie automatisch aus einer entsprechenden Bibliothek übernommen. Allenfalls auf kleinen Rechnern mit primitivem Betriebssystem muß dem Link immer wieder explizit gesagt werden, woher die Standardunterprogramme zu holen sind.

Erstrebenswert und durchweg realisierbar ist, den Gebrauch vorhandener FORTRAN-Unterprogramme genauso problemlos zu gestalten wie von den Standardfunktionen gewohnt. Was ist zu tun, um dieses Ziel zu erreichen?

Die Unterprogramme müssen in Bibliotheken hinterlegt werden, das Link-Programm muß bei Bedarf automatisch darauf zugreifen, Interessenten müssen sich in geeigneter Form über vorhandene Unterprogramme informieren können. All dieses ist aber keine Angelegenheit der Sprache FORTRAN! Es gilt, Fähigkeiten des Betriebssystems zu nutzen, den Rechnerbetrieb und vielleicht auch das Rechnerumfeld entsprechend zu organisieren. Abgesehen von Minicomputern, die der Unterhaltungselektronik zugerechnet werden sollten, sind überall dort, wo FORTRAN unterstützt wird, die Betriebssysteme ausreichend leistungsfähig, so daß das vorgenannte Ziel grundsätzlich erreichbar ist.

Nun soll der Punkt 1, Erstellung von Unterprogrammen, näher durchleuchtet werden. Dabei ist an Unterprogramme der Typen FUNCTION und SUBROUTINE gedacht. Diese bilden jedes für sich eine unselbständige Programmeinheit. Ohne ein MAIN sind sie nicht ausführbar, aber das ist auch der einzige wesentliche Unterschied.

Die Entwicklung eines Programms erfolgt in mehreren Phasen. Bevor die erste Anweisung geschrieben wird, muß insbesondere eine Zerlegung der gesamten Aufgabe in überschaubare Teile vorgenommen werden. Daraus wird dann die Grobstruktur des Programms abgeleitet. Zielvorstellung ist, Teile zu erhalten, die durch

- eine *klar definierte* Einzelleistung,
- *einen* Eingang und
- *einen* Ausgang

charakterisiert sind. Derartige „*Moduln*" werden dann als FORTRAN-Unterprogramm realisiert.

Mit der Aufgliederung in Moduln, die gewöhnlich in mehreren hierarchischen Ebenen angeordnet sind, geht zwangsläufig ein Abstraktionsprozeß einher. Von Ebene zu Ebene löst sich die Formulierung der Modulleistung immer weiter von dem aktuellen Gesamtproblem. Parallel dazu wächst die Chance, daß ein hier entstehendes Unterprogramm später im Rahmen einer anderen Programmentwicklung erneut (unverändert!) genutzt werden kann. Umgekehrt kann auch manches Mal auf früher erstellte Unterprogramme zurückgegriffen werden.

Dieser Rückgriff auf vorhandene Unterprogramme geht in FORTRAN so problemlos wie in kaum einer anderen Programmiersprache. Wenn nach der Moduldefinition zuerst überprüft wird, welche alten Unterprogramme nutzbar sind, bevor die Programmnamen der neuen Unterprogramme festgelegt werden, gibt es für die Nutzung der alten keine Restriktionen.

7.1 Formelfunktion

Bevor wir auf die wiederverwendbaren Unterprogramme eingehen, soll eine einfache Möglichkeit zur Vereinbarung lokaler Funktionen vorgestellt werden. Lokal hießt, die fragliche Funktion ist ausschließlich in *der* Programmeinheit (MAIN, FUNCTION, SUBROUTINE) nutzbar, in der sie vereinbart wird. Die Vereinbarung muß vor der ersten ausführbaren Anweisung erfolgen durch eine Anweisung der Form

Name (Formalparameter) = Ausdruck

Der Aufruf gestaltet sich analog der Verwendung von Standardfunktionen, also durch Nennung von Name (Aktualparameter) in einem Ausdruck.

► ***Beispiel***

Für die Funktion $f(x) = e^x + x^2 + \sin x$ soll ein Differenzenquotient $\frac{y_2 - y_1}{x_2 - x_1}$ berechnet werden. Das könnte so geschehen:

```
FU (X)  =  EXP (X) + X ** 2 + SIN (X)
        :
DQ      =  (FU (X2) - FU (X1))/(X2 - X1)
        :
DQ2     =  (FU (X4) - FU (X3))/(X4 - X3)
```

Bei Ausführung der Zeile DQ = ... wird zunächst mit dem momentanen Zahlenwert von X2 anstelle des Formalparameters X die unter dem Namen FU vereinbarte Formel ausgewertet. Das gleiche wiederholt sich mit dem momentanen Wert von X1 und analog bei der Berechnung von DQ2. Wenn der

Differenzenquotient an verschiedenen Stellen auftritt, bietet sich folgende Variante an:

```
FU (X) = EXP (X) + X ** 2 + SIN (X)
DIQ (XL, XR) = (FU (XR) - FU (XL))/(XR - XL)
   :
DQ = DIQ (X1, X2)
   :
DQ2 = DIQ (X3, X4)
```

◄

Was ist generell zu beachten? Der Typ des Funktionsnamens sollte mit dem Typ des definierenden Ausdrucks übereinstimmen. Zumindest muß die Zuweisung eines Wertes sinnvoll sein. Formalparameter und Aktualparameter müssen vom gleichen Typ sein. Diese Worte dürfen auch im Plural verstanden werden. Mehrere Parameter werden gegeneinander durch Kommas getrennt. In diesem Fall ist darauf zu achten, daß auch die Anzahl der Parameter übereinstimmt. Ferner darf in der definierenden Zeile auf zuvor vereinbarte Formelfunktionen zurückgegriffen werden.

Welchen Nutzen bringt die Formelfunktion? Stellen wir als erstes heraus, daß sie nur einsetzbar ist, wenn die Vorschrift zur Funktionswertermittlung als *ein* Ausdruck formuliert werden kann. Auf diese Weise läßt sich Schreibarbeit sparen, wenn eine bestimmte Formel an mehreren Stellen in einer Programmeinheit auftritt. Insbesondere wenn konkrete Funktionen ausgewertet werden müssen, sollte der Funktionsausdruck niemals mehrfach geschrieben werden! Bei kleineren Programmen bietet sich die Formelfunktion an, bei größeren ist oft ein FUNCTION-Unterprogramm vorzuziehen.

■ *Aufgabe 7-a*

Das bestimmte Integral $\int_a^b f(x)\,dx$ kann näherungsweise nach der Sehnentrapezmethode berechnet werden. Wenn das Intervall [a, b] in n Streifen der Breite h zerlegt wird, erhält man den Näherungswert S als

$$S = h\left(\frac{f(a) + f(b)}{2} + \sum_{i=1}^{n-1} f(a + ih)\right) \text{ bzw.}$$

$$S = h\left(\frac{f(a) - f(b)}{2} + \sum_{i=1}^{n} f(a + ih)\right)$$

Es ist ein Programm zu erstellen, das die Werte a, b und n einliest und den zugehörigen Wert von S ausgibt. Der Integrand soll als Formelfunktion vereinbart werden. Ein Testbeispiel: Für die Funktion f(x) = 1 + sin(x), a = 0, n zwischen 50 und 100 sollten ungefähr folgende Lösungen auftreten:

b = 3,14159 → S ≈ 5,141
b = 6,28318 → S ≈ 6,28318 ■

7.2 SUBROUTINE

Während die Formelfunktion nur in ganz besonderen Situationen verwendbar ist, sind SUBROUTINE-Unterprogramme zur Bearbeitung beliebiger Teilprobleme geeignet. Die erste Zeile einer Programmeinheit dieser Art ist

SUBROUTINE Name (Formalparameter)

Der Name dient zur Identifizierung der Programmeinheit. Es versteht sich von selbst, daß verschiedene Programmeinheiten verschiedene Namen tragen müssen. Daneben muß sich der Name auch von denen der COMMON-Blöcke (s. 6.5) unterscheiden und darf auch nicht als Variablen- oder Arrayname innerhalb des Unterprogramms auftreten.

Über die hinter dem Namen stehende Parameterliste kommuniziert die SUBROUTINE mit ihrem Umfeld: Beim Aufruf werden über diese Liste Werte an das Unterprogramm übergeben, zum Schluß werden in umgekehrter Richtung Werte an die rufende Stelle zurückgereicht.

Der Aufruf einer SUBROUTINE erfolgt durch eine Anweisung der Form

CALL Name (Aktualparameter)

Die aktuellen und die formalen Parameter müssen in Datentyp und Anzahl übereinstimmen. Treten mehr als einer auf, werden sie in der Liste durch Kommas getrennt. Für den einzelnen Aktualparameter gilt der in Bild 7.1 gezeigte Spielraum.

Formalparameter	Aktualparameter
Variablenname	Ausdruck
Arrayname	Arrayname
Unterprogrammname	Name eines Unterprogramms der gleichen Art

Bild 7.1 Varianten formaler und aktueller Parameter

Abgesehen von der Formvorschrift für die erste Zeile gelten für die SUBROUTINE alle bisher getroffenen FORTRAN-Aussagen. Insbesondere endet auch diese Programmeinheit mit der Anweisung

END

die zugleich das physische und das logische Ende darstellt. Wird diese Anweisung während der Ausführung erreicht, wird die Kontrolle ans rufende Programm zurückgegeben und dort hinter der Stelle fortgesetzt, von wo der Aufruf erfolgte.

► Sehen wir uns ein Beispiel an! Ein bestimmtes Integral soll genau so berechnet werden wie in Aufgabe 7-a, jetzt aber auf MAIN und eine SUBROUTINE so verteilt, daß das Lesen und Schreiben im MAIN erfolgt und der Näherungswert in der SUBROUTINE berechnet wird. Bild 7.2 zeigt dazu eine einfache Lösung. Für den Benutzer ist kein Unterschied zu der für Aufgabe 7-a angegebenen Lösung erkennbar. Er liefert drei Zahlen und erhält den zugehörigen Näherungswert.

Beim Aufruf der SUBROUTINE werden die Werte der MAIN-Variablen UG, OG, N, SN auf die STF-Variablen A, B, N, S übertragen. Dabei stört nicht, daß SN zu diesem Zeitpunkt keinen sinnvollen

```
      PRINT *, 'GIB INTEGRATIONSGRENZEN'
      READ *, UG,OG
      PRINT *, 'ANZAHL STREIFEN'
      READ *, N
      CALL STF (UG,OG,N,SN)
      PRINT *, 'NAEHERUNG = ',SN
      END


      SUBROUTINE STF (A,B,N,S)
C   A,B INTEGRATIONSGRENZEN ,  EINGANG
C   N   STREIFENZAHL        ,     "
C   S   NAEHERUNGSWERT      ,  AUSGANG
      F(X) = 1+SIN(X)
      H = (B-A)/N
      S = (F(A)-F(B))*0.5
      I=1
      DO WHILE ( I.LE.N )
        S = S+F(A+I*H)
        I = I+1
      ENDDO
      S = H*S
      END

* Wenn Zaehlschleife schon bekannt, damit folgende Loesung:

      SUBROUTINE STF2 (A,B,N,S)
C   A,B INTEGRATIONSGRENZEN ,  EINGANG
C   N   STREIFENZAHL        ,     "
C   S   NAEHERUNGSWERT      ,  AUSGANG
      F(X) = 1+SIN(X)
      H = (B-A)/N
      S = (F(A)-F(B))*0.5
      DO    10   I=1,N
        S = S+F(A+I*H)
10    CONTINUE
      S = H*S
      END
```

Bild 7.2 Einfache Integralberechnung in einer SUBROUTINE

Wert trägt. Die SUBROUTINE wird ausgeführt, S berechnet und das abschließende END erreicht. Jetzt werden die Werte von A, B und N, die unverändert blieben, sowie der von S auf die korrespondierenden MAIN-Variablen UG, OG, N und SN zurückgereicht. Dadurch ist SN sinnvoll versorgt, wie das nachfolgende PRINT belegen wird. ◄

Stellen wir die Unterschiede zu einem MAIN noch einmal heraus!

- Eine SUBROUTINE wird von einer anderen Programmeinheit her per CALL-Anweisung gerufen. Ein lauffähiges Programm kann also niemals aus einer einzigen SUBROUTINE bestehen, vielmehr muß genau ein MAIN vorkommen, dem beliebig viele (auch gar keine) SUBROUTINE- und FUNCTION-Unterprogramme beigegeben werden dürfen.
- Der Datenaustausch zwischen rufender Programmeinheit und gerufener SUBROUTINE geschieht über die Parameterliste (vgl. später 6.5).
- Aktuelle und formale Parameter müssen nicht namensgleich sein! Die Parameter müssen nach Art und Anzahl übereinstimmen. Die Zuordnung erfolgt der Reihe nach.

- Variablen und Arrays, deren Namen nicht in der Formalparameterliste (und nicht im COMMON, vgl. später 6.5) stehen, sind rein lokale Größen. Sie belegen eigene Speicherplätze, die ihnen gewöhnlich zum Zeitpunkt des Aufrufs zugeordnet werden. Sie haben nichts zu tun mit Größen gleichen Namens aus anderen Programmeinheiten.
- Jede SUBROUTINE wird physisch getrennt von anderen Programmeinheiten codiert. Sie kann am Anfang einer Editordatei stehen oder nach dem END-Statement einer anderen Programmeinheit folgen.
- In einer SUBROUTINE sind die gleichen Befehlsarten erlaubt wie im MAIN, also insbesondere auch CALL. Verboten sind jedoch zyklische Aufrufe (z. B. A ruft A oder A ruft B, B ruft C, C ruft A).

Als Detailproblem soll noch erörtert werden, wie sich eine SUBROUTINE bei auftretenden Fehlern verhalten sollte. Wenn es hierbei nur um eine FORTRAN-gemäße Lösung ginge, könnte sie Fehlermeldung (PRINT * ...) und Programmabbruch (STOP) lauten. In der Regel ist dies aber ein schlechter Weg! Er nimmt der rufenden Stelle jede Chance, zwischen dem Erkennen eines gravierenden Fehlers und dem Abbruch noch notwendige (z. B. Sicherung von Daten) oder nützliche Aktionen (z. B. Zusatzausgaben zur Erleichterung der Fehlersuche) auszuführen.

Das bessere und generell anwendbare Prinzip ist, die Fehlersituation über die Parameterliste an die rufende Stelle zu melden. Sind verschiedene Fehler denkbar, kennzeichnet man sie durch individuelle Werte (z. B. 0 = alles o. k., 1 = Division durch Null, 2 = negatives Argument für Logarithmus, ...). Ob und wohin eine Meldung geschrieben wird, wird nicht in der SUBROUTINE entschieden, also nicht „unten“, sondern „oben“. Lag auch die rufende Stelle in einem Unterprogramm, kann die Fehlersituation in der gleichen Art an die nächsthöhere Aufrufebene gemeldet werden. Bei reiner Anwendung dieses Prinzips konzentrieren sich alle Fehlermeldungen im MAIN (bzw. in einer speziell für diese Meldungen vorgesehenen SUBROUTINE). Es entfällt auch der außerordentliche Programmabbruch auf einer niederen Ebene, weil dafür das reguläre Ende des MAIN genutzt werden kann.

7.3 FUNCTION

Bei der Einführung dieses Unterprogrammtyps stand offenbar der mathematische Funktionsbegriff Pate. So ist die FUNCTION die geeignete Darstellungsform für Teilprobleme, die auf die Ermittlung eines eindeutigen „Funktions-“Wertes hinauslaufen. Es sind eine oder mehrere Eingangsgrößen vorgesehen – entsprechend den Funktionen von einer oder mehreren Veränderlichen. Die Vorschrift, nach der der Funktionswert aus den angelieferten Eingangsgrößen ermittelt wird, darf beliebig kompliziert sein. Hierin liegt der eine wesentliche Unterschied zwischen FUNCTION und Formelfunktion. Der andere ist, daß die FUNCTION als separate Programmeinheit von überall sonst her aufrufbar ist. Sie kann getrennt archiviert werden, so daß sich ihr Gebrauch von dem einer Standardfunktion grundsätzlich nicht unterscheidet.
Ein FUNCTION-Unterprogramm beginnt mit einer Kopfzeile der Art

Typ FUNCTION Name (Formalparameter)

Die Angabe des Typs ist nicht erforderlich. Fehlt sie, wird der Typ des Funktionswertes durch den Typ des Namens der FUNCTION bestimmt (s. 3.3 und 6).

Der Aufruf geschieht durch die Verwendung des Namens, hinter den die aktuellen Parameter für die Auswertung gesetzt werden:

Name (Aktualparameter)

Der Aufruf erfolgt aus einem Ausdruck heraus, also z. B. rechts vom Gleichheitszeichen in einer Wertzuweisung. Dabei besteht praktisch kein Unterschied zum Gebrauch einer Standardfunktion.

Für den Aufbau des FUNCTION-Unterprogramms gilt grundsätzlich genau das gleiche wie für den Typ SUBROUTINE. Zusätzlich sind jedoch zwei Dinge zu beachten.

1. Die FUNCTION muß eine Formalparameterliste tragen. Sie darf nicht vollständig durch den Datenaustausch über den COMMON (s. später 6.5) ersetzt werden.
2. Der Name der FUNCTION wird in ihrem Innern automatisch als gewöhnliche Variable angelegt. Der Wert, den diese Variable unmittelbar vor der Rückkehr aus der FUNCTION enthält, gilt als der an die rufende Stelle zu übergebende Funktionswert.

► *Beispiel*

In der SUBROUTINE aus Bild 7.2 ist eine Formelfunktion enthalten. Diese könnte durch folgende FUNCTION ersetzt werden:

```
FUNCTION F (X)
F = 1 + SIN (X)
END
```
◄

Um die Unterschiede zwischen FUNCTION- und SUBROUTINE-Unterprogramm deutlich zu machen, wird ein weiteres Mal die Integralberechnung aufgegriffen.

■ *Aufgabe 7-b*

Bei gegebenem Integranden kann der in Aufgabe 7-a angegebene Näherungswert S als Funktion der drei Veränderlichen a, b und n aufgefaßt werden:

S = S (a, b, n)

Zu seiner Berechnung ist die

FUNCTION FSTF (A, B, N)

zu schreiben. In Anlehnung an Bild 7.2 ferner ein einfaches MAIN, das den Dialog mit dem Benutzer übernimmt und die FUNCTION ruft.

Aufgabe 7-c

Nach Lösung der Aufgabe 7-b sollte sich der Leser überlegen, ob für die Integralberechnung, die FUNCTION- oder die SUBROUTINE-Version angemessen ist. ■

Oben wurde betont, daß der Aufruf von eigenen FUNCTION-Unterprogrammen sich grundsätzlich nicht vom Aufruf der Standardfunktionen (auch INTRINSIC-Funktionen genannt) unterscheidet. Diese Aussage muß etwas eingeschränkt werden, wenn in der Kopfzeile des FUNCTION-Unterprogramms ein Typ festgelegt wird. Weicht dieser von der Standardtypvereinbarung ab, muß auch in den rufenden Programmeinheiten eine

Typdeklaration für den Funktionsnamen vorgenommen werden. Das ist insbesondere für die CHARACTER FUNCTION nötig, aber auch dann, wenn numerische Datentypen mit von der Norm abweichender Datenlänge benutzt werden (DOUBLEPRECISION oder COMPLEX, s. 6.4).

Ein erhöhtes Risiko besteht, wenn in der Kopfzeile der Typ INTEGER * 2 verwendet wird, der zwar nicht Standard-FORTRAN, aber doch in fast allen realen Sprachversionen anzutreffen ist. Wird der betreffende Name im rufenden Programm nicht auch als INTEGER * 2 deklariert, können die gelieferten Funktionswerte mißverstanden werden (z.B. negative Werte als positiv mit anderem Betrag!).

► *Beispiel* für eine CHARACTER-FUNCTION

```
      SUBROUTINE XYZ (P)                CHARACTER * (*) FUNCTION UF (U)
      CHARACTER * 3 UW, UF              CHARACTER * (*) U
           .                            LEIN = LEN (U)
           .                            LE = LEIN + 1
           .                            LAUS = LEN (UF)
                                        LM = MIN (LEIN, LAUS)
                                        UF = ' '
      UW = UF ('ABC')                   DO 10 L = 1, LM
           .                               UF (L : L) = U (LE - L : LE - L)
           .                         10 CONTINUE
      END  .                            END
```

Man mache sich klar, daß bei fehlender Typvereinbarung für UF im Unterprogramm XYZ die Passage UF ('ABC') als Aufruf der REAL-wertigen Funktion UF verstanden werden muß. In dem Moment, da der Compiler diese Passage übersetzt, weiß er nicht um die Existenz der rechts notierten FUNCTION, kann also auch nicht von sich aus deren Typ heranziehen. ◄

In Kapitel 3 wurde schon angedeutet, daß die gängigen Standardfunktionen über sogenannte „Generic-Namen" angesprochen werden. Der Compiler schließt aus dem Typ des Arguments auf den „Specific-Namen" der Funktion, die tatsächlich zur Anwendung kommen soll. Das bedeutet bei den meisten Genericfunktionen zugleich, daß der Typ ihres Funktionswertes auch variiert und nicht entsprechend der Standardtypvereinbarung aus dem Generic-Namen folgt. Hingegen wird der Datentyp bei FUNCTION-Unterprogrammen direkt über den Typ des Funktionsnamens festgelegt.

Abschließend noch ein Hinweis zu CHARACTER-Funktionen! Sofern nicht zwingende Gründe dagegen stehen, sollten sie stets als Funktionen mit variabler Ergebnislänge geschrieben werden. D.h., sie sollten so beginnen:

```
      CHARACTER * (*) FUNCTION ...
```

Das bietet eine erhöhte Chance zu mehrfacher Nutzung. Obwohl der Name in rufenden Programmeinheiten deklariert werden muß, können variabel lange Strings geliefert werden; denn diese Deklaration muß nicht in allen Programmeinheiten gleich sein.

▶ *Beispiel*

Mit den Unterprogrammen XYZ und UF des letzten Beispiels ist verträglich:

```
FUNCTION ZYX (W)
CHARACTER * 7 UU, UF
      :
UU = UF ('123456')
      :
END
```

Durch diesen Aufruf von UF erhält die dortige Variable LAUS den Wert 7, während sie bei Aufruf aus XYZ den Wert 3 annimmt. ◀

■ *Aufgabe 7-d*

Mitunter ist es erforderlich, Datumsangaben von der gebräuchlichen Form 'ttmmjj' (z. B. '170653') in die sortierfähige Form 'jjmmtt' ('530617') zu wandeln und umgekehrt. Das kann auch ohne Jahresanteil von Interesse sein ('2412' nach '1224'). Es ist eine CHARACTER FUNCTION zu schreiben, die diesen paarweisen Tausch der Ziffern vornimmt. Ein Eingangsparameter vom Typ CHARACTER ist vorzusehen. Ist dessen Länge ungerade, soll das Ergebnis auf blank gesetzt werden. Ist das erste Zeichen im Eingangsparameter blank, ist es durch '0' zu ersetzen.

Aufgabe 7-e

Es soll ein Unterprogramm geschrieben werden, das eine Zeichenkette von den führenden und abschließenden Leerzeichen (blank) befreit. Der zu bearbeitende String wird über die Parameterliste bereitgestellt. Als Ergebnis werden der im obigen Sinn definierte Kern und die logische Länge des String zurückgegeben. Unter logischer Länge soll hier die Position des letzten von blank verschiedenen Zeichens verstanden werden. (Beispiel: Angeliefert wird "_A_UND_B", zurückzugeben ist dann "A_UND_B" und 7 als Längenangabe.)

Man entscheide sich für den geeigneten Unterprogrammtyp, realisiere das Unterprogramm und teste es mit einem einfachen MAIN. ■

7.4 Parameterlisten

Bislang wurden Formalparameter nur in ihrer einfachsten Form vorgestellt, und zwar als Variablenname. Für Formelfunktionen ist das zugleich die einzige Form.

Beim Aufruf wird der Wert des entsprechenden Aktualparameters auf die formale Variable übertragen. Das geschieht im Prinzip als Kopiervorgang, daher sollten Formal- und zugeordneter Aktualparameter tunlichst vom gleichen Typ sein.

Formalparameter sind stets Namen. In FUNCTION- und SUBROUTINE-Unterprogrammen sind neben Variablennamen auch Namen von Arrays und Unterprogrammen möglich. Bild 7.1 zeigt die jeweils passenden Aktualparameter.

Formale Arrays bieten die Möglichkeit, dem gerufenen Unterprogramm viele Daten anzuliefern, ohne die Parameterliste entsprechend mitwachsen zu lassen. Wie unten näher erläutert, ist sogar eine gewisse Dynamik in der Speicherbelegung möglich; denn formale Arrays haben keine starre Größe.

Unterprogrammnamen in der Parameterliste erhöhen die Flexibilität. Sie sind oft nötig, wenn eine FUNCTION oder SUBROUTINE so geschrieben werden soll, daß sie ohne jedwede Änderung universell einsetzbar ist. So ist beispielsweise die SUBROUTINE STF aus Bild 7.2 nur geeignet, den einen als Formelfunktion hinterlegten Integranden zu bearbeiten. Die am Ende von Abschnitt 7.3 angesprochene Variante ist schon etwas besser. Nach Streichung der Formelfunktion sind ohne Änderung der SUBROUTINE STF beliebige Integranden möglich geworden, sie müssen aber in einer FUNCTION mit dem zwingend vorgeschriebenen Namen F hinterlegt sein. Nach Änderung der Kopfzeile des Integrationsprogramms in

```
SUBROUTINE STF (A, B, N, S, F)
```

wäre dieser Zwang beseitigt. Die rufende Stelle liefert den (frei wählbaren) Namen der aktuell zu integrierenden (tatsächlich existierenden) FUNCTION als fünften Aktualparameter an.

In der rufenden Programmeinheit sind eventuell zusätzliche Maßnahmen nötig, wenn ein Aktualparameter Name eines Unterprogramms ist. Damit der Compiler den fraglichen Namen nicht in die Tabelle seiner Variablen einordnet, muß der Name schon in der Tabelle der Unterprogramme stehen. Das läßt sich dadurch erreichen, daß der als Aktualparameter vorgesehene Unterprogrammname in einer INTRINSIC- oder einer EXTERNAL-Anweisung aufgeführt wird. Diese Anweisungen müssen (in der rufenden Programmeinheit!) im Deklarationsteil vor den ausführbaren Anweisungen stehen. Sie zählen zu den in Bild 2.1 angesprochenen „sonstigen Vereinbarungen". INTRINSIC wird für die Namen der zu FORTRAN gehörenden Standardfunktionen verwendet, EXTERNAL für die Namen eigener FUNCTION- oder SUBROUTINE-Unterprogramme.

► ***Beispiel***

Als Basis dient Bild 7.2. Die Vereinbarung der Formelfunktion wird gestrichen, die Kopfzeile von STF geändert:

```
SUBROUTINE STF (A, B, N, S, F)
```

Hinzugefügt wird

```
FUNCTION FUN (T)
FUN = 1 + SIN (T)
END
```

Als erste Zeile des MAIN schreibe man

```
EXTERNAL FUN
```

und schließlich den geänderten Aufruf von STF:

```
CALL STF (UG, OG, N, SN, FUN)
```

Damit müssen sich die gleichen Ergebnisse einstellen wie mit dem Programm aus Bild 7.2. ◄

■ ***Aufgabe 7-f*** Iterative Lösung von $x = \varphi(x)$

Für eine differenzierbare Funktion $\varphi(x)$ konvergiert die Zahlenfolge $x_i = \varphi(x_{i-1})$, $i > 0$ gegen eine Lösung ξ der Gleichung $x = \varphi(x)$, sofern $|\varphi'(x)| < 1$ ist in einer Umgebung U_ξ der Lösung und ein Startwert x_0 aus dieser Umgebung gewählt wird. Es ist die

```
SUBROUTINE ITERKO (XN, EPS, PHI, NOK)
```

zu schreiben, die nach dieser Methode arbeitet, sowie die für den Test erforderlichen weiteren Programmeinheiten. Bedeutung der Parameter:

XN, Eingang, Startwert
Ausgang, letzter berechneter Wert der Zahlenfolge
EPS, Eingang, Fehlerschranke (sinnvoll 10^{-4} bis 10^{-6})
PHI, Eingang, Name der FUNCTION für φ
NOK, Ausgang, zu XN gehörender Index

Die Näherungslösungen müssen solange iterativ verbessert werden, bis der relative Fehler zwischen x_i und $x_{i-1} \leqslant$ EPS ist. In einer 2. Ausbaustufe ist das Unterprogramm um eine Konvergenzkontrolle zu erweitern. In der angesprochenen Umgebung U gilt

$$\left| \frac{\varphi(x_i) - \varphi(x_{i-1})}{x_i - x_{i-1}} \right| < 1$$

Die Rechnung soll abgebrochen werden, wenn diese Bedingung nicht eingehalten wird. In diesem Fall soll der 4. Parameter (NOK) negativ gesetzt werden, damit die rufende Programmeinheit den Abbruch wegen Verletzung der Konvergenzbedingung erkennen kann. ■

Auch formale Arrays müssen vereinbart werden. Woran sollte der Compiler sonst erkennen, daß ein Formalparameter Arrayname und nicht Variablenname sein soll?

Für formale Arrays wird im Gegensatz zu „normalen" Arrays aber nicht erneut Speicherplatz verbraucht. Stattdessen werden vom gerufenen Programm her direkt die Speicherplätze des zugeordneten aktuellen Arrays benutzt. Das gelingt, weil in diesem Fall die Anfangsadresse des aktuellen Arrays übergeben und direkt als Anfangsadresse des formalen Arrays genutzt wird. In Bild 7.3 ist dies grafisch veranschaulicht.

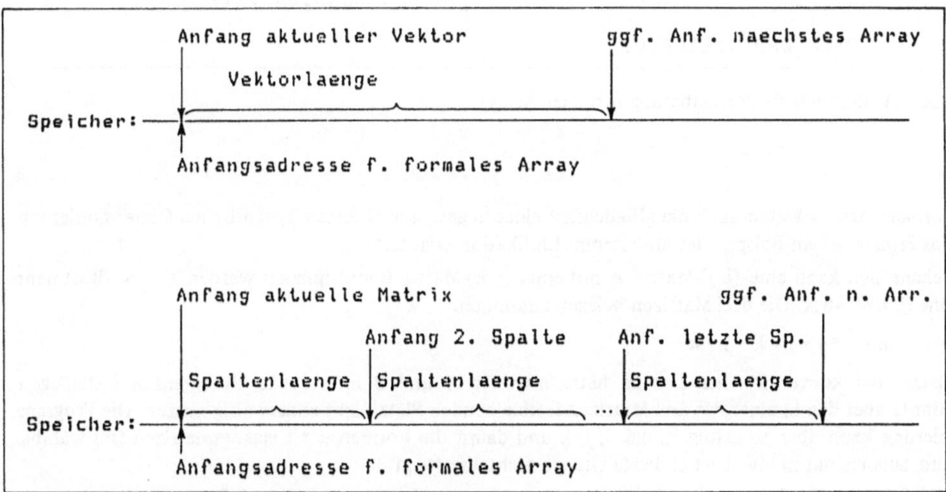

Bild 7.3 Positionierung aktueller und formaler Arrays

Sofern ein eindimensionales Array übergeben wird, ist die Kenntnis allein der Anfangsadresse schon ausreichend, um das formale Array richtig zu justieren. Bei mehrfach indizierten Arrays reicht das jedoch nicht. In Bild 7.3 ist auch die Situation bei der Übergabe einer Matrix skizziert. Wenn nun in der Arrayvereinbarung für die formale Matrix nicht exakt die gleiche Spaltenlänge benutzt wird wie für die aktuelle Matrix, wird von der zweiten Spalte an mit falschen Speicherplätzen gearbeitet.

Die Vereinbarung formaler Arrays kann genauso erfolgen, wie in Abschnitt 6.1 erläutert. Zusätzlich ist gestattet, (INTEGER-) Formalparameter zu benutzen. Bild 7.4 zeigt einige Beispiele. Es sei betont, daß die Übergabe eines Arrays in einer Parameterliste nicht bedeutet, daß auch die Indexbereiche im rufenden und im gerufenen Programm übereinstimmen *müssen*.

	rufendes Programm	gerufenes Programm
a)	DIMENSION X(27), Y(9) CALL UP1 (X,9,Y)	SUBROUTINE UP1 (P1,M,P2) DIMENSION P1(1), P2(M)
b)	PARAMETER (L=22) DIMENSION A(L), US(L,11) Z = UP2 (L,A,US)	FUNCTION UP2 (MA,D,AM) DIMENSION AM(MA,1), D(1)
c)	DIMENSION U(4:10) CHARACTER *50 ZEILE CALL UP3 (ZEILE,U)	SUBROUTINE UP3 (TEXT,V) CHARACTER *(*) TEXT DIMENSION V(1)

Bild 7.4 Beispiele für Vereinbarung formaler Arrays

► Formale Arrays bieten auch die Möglichkeit einer in gewissen Grenzen dynamischen Dimensionierung. Das Prinzip sei am Beispiel der Matrizenmultiplikation erläutert.

Bekanntlich kann eine (i, j)-Matrix A mit einer (j, k)-Matrix B multipliziert werden. $C = A \cdot B$ ist dann eine (i, k)-Matrix. Die drei Matrizen belegen zusammen

$$m = i * j + j * k + i * k$$

Plätze. Bei konventioneller Lösung hätte man für A und B individuelle Obergrenzen festzulegen, könnte aber den in einer der drei Matrizen freibleibenden Platz nicht anderweitig nutzen. Die Programmierung kann aber so erfolgen, daß i, j, k und damit die Formen der Eingangsmatrizen frei wählbar sind, solange nur m eine hart codierte Grenze nicht übersteigt.

Bild 7.5 zeigt das Prinzip. Die für die Dimensionierung aller Arrays nötigen Informationen werden im MAIN beschafft. Falls der gesamte Platzbedarf nicht zu hoch ist, werden die Arrays hintereinander in einen Vektor (hier P) eingeordnet. Die daraus resultierenden Anfangsadressen der drei Matrizen und ihre individuellen Abmessungen werden über die Parameterliste einer SUBROUTINE weitergereicht. Hier (im Beispiel in MAMU) werden die Arrays in der aktuell erforderlichen Struktur dimensioniert. Dieses Unterprogramm ist de facto das Hauptprogramm für die aktuelle Aufgabe. ◄

```
      PARAMETER  (MMAX=1000)
      DIMENSION P(MMAX)
      PRINT *, 'A=(I,J)-MATRIX, B=(J,K)-MATRIX, GIB  I,J,K  (ODER  0)'
      READ *, I,J,K
      DOWHILE ( I.GT.0 )
        NA = I*J
        NB = J*K
        M  = NA+NB+I*K
        IF ( M.LE.MMAX ) THEN
          CALL MAMU (P(1),I,J,P(1+NA),J,K,P(1+NA+NB),I,K)
        ELSE
          PRINT *, M, '  PLAETZE NOETIG, VERFUEGBAR NUR', MMAX
        ENDIF
      PRINT *, 'A=(I,J)-MATRIX, B=(J,K)-MATRIX, GIB  I,J,K  (ODER  0)'
      READ *, I,J,K
      ENDDO
      END

      SUBROUTINE MAMU ( A,IAZ,IAS,B,IBZ,IBS,C,ICZ,ICS )
      DIMENSION A(IAZ,IAS), B(IBZ,IBS), C(ICZ,ICS)
*JETZT MATRIZEN A UND B LESEN, MULTIPLIZIEREN, C AUSGEBEN
*           .
*           .
*           .
      END
```

Bild 7.5 Beispiel einer dynamischen Dimensionierung

■ *Aufgabe 7-g* Funktionswerte von Polynomen ($P_n(x) = a_0 + a_1 x + \ldots + a_n x^n$) sollen nach der Methode von Horner berechnet werden. Dafür ist ein FUNCTION-Unterprogramm HORNER (N, A, X) zu erstellen.

N = Polynomgrad
A = Array mit den Koeffizienten, Reihenfolge $a_0, a_1, \ldots, a_n$
X = Argument

Das zugehörige MAIN für den Test sollte so gestaltet werden, daß für das aktuelle Polynom zu beliebig vielen Argumenten die Funktionswerte geliefert werden. Als weitere Ausbaustufe wäre denkbar, daß auch beliebig viele Polynome bearbeitet werden können (sofern deren Grad unter der in der Dimensionierung festgelegten Grenze liegt).

Aufgabe 7-h Matrizenmultiplikation

Ausgehend von Bild 7.5 soll ein Programm für Matrizenmultiplikationen erstellt werden.

Nachdem der Benutzer die für die Dimensionierung maßgeblichen Werte für I, J und K eingegeben hat, soll die Matrix A zeilenweise eingelesen werden. Danach B ebenfalls zeilenweise. Es schließen sich die Berechnung von C = A · B und die Ausgabe von C an. ■

7.5 Unterschiede zu BASIC

BASIC	Stichwort	FORTRAN
Funktionsunterprogramme sind in vielen Sprachdialekten nicht vorgesehen	Funktions-UP	Funktionen können als lokale Formelfunktion oder global nutzbare FUNCTION geschrieben werden
Variablen gelten für das Programm einschließlich aller „GOSUB-Unterprogramme“	Gültigkeitsbereich von Variablen	Variablen sind nur in einer Programmeinheit ansprechbar
Teilprobleme werden in internen, über GOSUB erreichbaren „Unterprogrammen“ abgehandelt. Alle Variablen sind global, mithin von jedem „Unterprogramm“ her (auch versehentlich!) ansprechbar	Unterroutinen	SUBROUTINE-Unterprogramme empfehlen sich für die Bearbeitung einzelner Teilprobleme. Sie werden über CALL aktiviert. Bei ihrer Codierung muß nicht auf andere Programmeinheiten Rücksicht genommen werden. Die Variablen sind nur lokal ansprechbar
Wiederverwendung ohne Programmänderung ist im BASIC-Konzept nicht vorgesehen	Wiederverwendung von Unterprogrammen	FUNCTION- und SUBROUTINE-Unterprogramme sind im Grundsatz ohne Programmänderung beliebig wiederverwendbar

8 Programmentwicklung

Nachdem der Leser eine Reihe kleinerer Programme erstellt hat, scheint es angebracht, den Komplex Programmentwicklung ein wenig zu beleuchten. Die Problematik kann hier nur angerissen und nur das etwas vertieft werden, was sich im Rahmen der in diesem Buch gestellten Programmieraufgaben umsetzen läßt. Wer sich weitergehend informieren möchte, findet über Stichworte wie Software-Engineering oder Software-Qualitätssicherung ein umfangreiches Literaturangebot.

Mancher Programmierer der frühen Jahre muß aus heutiger Sicht als Software-Bastler eingestuft werden. Das ist nicht als Vorwurf zu verstehen. Schließlich ging es zunächst nur darum, zur Lösung geeigneter Anwendungsprobleme möglichst richtige Programme zu erstellen. Die Ernüchterung setzte im Laufe der 60er, spätestens aber zu Beginn der 70er Jahre ein. Mit der Dauer des Einsatzes einzelner Programme wuchs der Zwang zu Programmänderungen. Es traten Fehler zutage, die lange Zeit, oft jahrelang, unentdeckt geblieben waren. Manch ein Anwender war auch auf den Geschmack gekommen und forderte zusätzliche Programmleistungen. Wer diese Änderungen im Quellenprogramm vorzunehmen hatte, stand manches Mal vor dem Abbild eines Spaghettihaufens. Auch wenn er selber der Autor war, hatte er größte Schwierigkeiten bzw. brauchte unzumutbar viel Zeit, um die Ablauflogik des Programms zu begreifen. Auch bei der Entwicklung neuer Programme wurde ab und an die finanzielle Schmerzgrenze erreicht. Mit dem naiven Programmierstil waren die komplexeren Problemstellungen nicht mehr zu beherrschen. Das Wort von der Softwarekrise machte die Runde.

Auf breiter Front betrieben Wissenschaftler Ursachenforschung und sannen auf Abhilfe. Aus der Vielzahl der Veröffentlichungen seien hier drei angesprochen, die nach Ansicht des Autors Meilensteincharacter haben. Boehm und Jacopini [1] zeigten 1966, daß die drei Kontrollstrukturen Sequenz, Alternative und Wiederholung ausreichen, um sequentielle Programme zu schreiben. Dijkstra [2] sprach sich 1968 für ein Verbot des GOTO-Statements aus. Nassi und Shneiderman [3] schlugen 1973 eine grafische Darstellung für Lösungswege vor, die später die Basis der Struktogrammnorm DIN 66 261 wurde. In neueren Programmiersprachen wurden die Erkenntnisse konsequent umgesetzt und komfortable Steuerungskommandos bereitgestellt. Das Ändern älterer Sprachnormen ist mühsamer, doch mit FORTRAN 77 ist ein deutlicher Schritt nach vorn gelungen. Das Block-IF gestattet, gut strukturierte Programme zu erstellen, und wo das DOWHILE verfügbar ist, kann die sprungfreie Darstellung der Lösungswege in Struktogrammen auch GOTO-frei in FORTRAN codiert werden. Wenn der Programmautor genügend Selbstdisziplin zeigt und offene wie verdeckte Sprünge meidet, Strukturblockinhalte durch Einrückung optisch hervorhebt und ab und zu Kommentarzeilen einfügt, werden FORTRAN-77-Quellenprogramme leicht lesbar.

Inzwischen hat sich auch die Erkenntnis durchgesetzt, daß Softwareentwicklung ingenieurmäßiges Vorgehen erfordert. Die Bearbeitung erfolgt in nacheinander ablaufenden Phasen:

Konzeptphase
Realisierungsphase
Einsatzphase

Diese groben Arbeitsabschnitte sind in Teilphasen untergliedert, die erste z. B. in die Erarbeitung des fachlichen Konzeptes mit allen gestellten Anforderungen und die anschließende Erstellung des DV-Konzeptes mit den vorgesehenen Programmleistungen. Je nach Autor – und für umfassende Problemstellungen wohl auch angemessen – werden die genannten Teilphasen weiter unterteilt in Grobplanung und Feinplanung. Der interessierte Leser findet ausführliche Erörterungen in der einschlägigen Literatur.

Das Vorgehen nach dem Phasenmodell ist hilfreich, wenn am Ende der Phasen jeweils bestimmte Dokumente erstellt sein müssen. Diese werden von den zuständigen Stellen abgesegnet. Erst danach wird mit der Folgephase begonnen. Orientiert an diesen Phasenresultaten wären der Reihe nach zu erstellen:

Fachkonzept
DV-Konzept
Programme
Einsatzergebnisse

Neuere Entwicklungen haben zum Ziel, die einzelnen Phasen durch ein Bündel aufeinander abgestimmter Dienstleistungsprogramme zu unterstützen. Die erwähnten Dokumente werden zentral verwaltet. Inhaltliche Ergebnisse einer Phase werden nach ihrer Freigabe in die nächste Bearbeitungsstufe übernommen. Die Änderung freigegebener Dokumente wird überwacht und protokolliert. Struktogramme werden automatisch in den Quellencode übertragen und viele weitere Leistungen erbracht. All dies ist nicht primär eine Angelegenheit der benutzten Programmiersprache. Vieles hat auch die Einsatzreife noch nicht erreicht. Wer sich über den aktuellen Stand und die Chancen informieren will, muß auf die Literatur, insbesondere die Fachzeitschriften und Beiträge zu den Themen Software-Produktionsumgebungen, -Qualitätssicherung, -Tools oder ähnliches verwiesen werden.

Die Masse der (FORTRAN-) Programmierer ist weiterhin auf die konventionellen Werkzeuge wie Editor, Compiler, Linker und Debugger angewiesen. Das schließt aber doch ein Vorgehen nach dem Phasenmodell nicht aus! Sehen wir uns den Weg vom Programmkonzept bis zu den fertigen Programmen noch etwas näher an. Dabei ist nur an kleinere und mittlere DV-Projekte gedacht. Die Abwicklung von Großprojekten zu erörtern, würde den Rahmen dieses Buches sprengen.

Die Gesamtheit der Leistungen ist im DV-Konzept fixiert. Bevor die erste FORTRAN-Anweisung geschrieben wird, muß die Gesamtaufgabe untergliedert werden. Man legt die Modulstruktur fest. Auch das wird meistens mehrstufig erfolgen und endet in einer Aufteilung in Unterprogramme mit je einer wohldefinierten Einzelleistung und einer Schnittstellenbeschreibung. Hierin ist festzuhalten, welche Größen beim Modulaufruf ankommen und welche zum Schluß geliefert werden. Außerdem ist festzuschreiben, welche Dienstleistungsmoduln genutzt werden sollen.

Der einzelne Modul wird in drei Schritten realisiert:

Lösungsweg entwerfen
Quellencode schreiben
Modul testen

Später werden die einzelnen Unterprogramme in sinnvollen Gruppen zusammengefaßt und ihr Zusammenwirken überprüft bis hin zum Test des Gesamtprogramms.

Das bisher vorgestellte lineare Voranschreiten muß als kaum erreichbares Ideal eingestuft werden. Reale Programmentwicklungen verlaufen auch bei Anwendung des Phasenmodells in Zyklen. Das *akzeptierte* Dokument kommt kaum auf Anhieb zustande, der Modultest gibt häufig genug Anlaß, den Quellencode oder gar den Entwurf des Lösungsweges zu korrigieren. Das Streben muß aber dahin gehen, diese Zyklen kurz und die Zahl der Durchläufe klein zu halten.

Eines sei deutlich gesagt: Der Autor ist nicht der Auffassung, daß die Softwarekrise – falls es sie überhaupt gibt – mit der Bereitstellung bzw. Nutzung komplexer Software-Produktionsumgebungen quasi von allein überwunden wäre und hinfort nur noch Qualitätssoftware erstellt würde. In dem Maße, wie das Einhalten der Formalismen überbewertet wird, wird die Kreativität der Programmierer unterdrückt. Es ist zu vermuten, daß die unter zuviel äußerem Zwang erstellte Software dann von minderer Qualität sein wird. Andererseits muß die übertriebene Individualität manch eines Programmierers deutlich beschnitten werden, was sich durch die Betrachtung älterer Programme leicht belegen ließe.

Wichtig ist, daß schon bei der Erstellung eines Programms an den späteren Änderungsdienst gedacht wird. Der Programmierer darf auch nicht unterstellen, daß er selber die Änderungen vornehmen wird. Deshalb sollte er sich fragen, wie er sich fremde Programme wünscht, die er mit wenig Zeitaufwand und wenig Fehlerrisiko ändern soll. Nützlich bei der Entwicklung eines guten Programmierstils wird auch sein, eigene Programme, die man längere Zeit nicht mehr gesehen hat, wieder zur Hand zu nehmen und zu überprüfen, ob sie ausreichend transparent und änderungsfreundlich sind.

Der Leser prüfe sich selbstkritisch, wie er bei den bislang erstellten Programmen vorgegangen ist. Hat er erst die Programmleistung fixiert (gut!) und dann den Quellencode geschrieben oder umgekehrt? Waren die für die Modulentwicklung genannten Phasen erkennbar? Wenn nicht, sollten die weiteren Übungsaufgaben Anlaß sein, den Programmierstil im Hinblick auf die hier dargelegten Ziele zu verbessern.

Es soll hier nicht zur Pedanterie aufgefordert werden. Andererseits ist für den Autor schwer vorstellbar, daß jemand in großen Softwareprojekten, wo das unverzichtbar ist, professionell mitarbeiten wird, wenn er sich bei mittleren und kleineren Projekten stets amateurhaft verhalten hat.

8.1 Bedienungsanleitung

Dialogprogramme laufen im Idealfall so ab, daß der Anwender zur Bedienung des Programms keine externen Unterlagen benötigt. Ihm steht das Quellenprogramm nicht zur Verfügung. In der Regel hat er es nie gesehen, geschweige denn erstellt. Daher muß dem

Benutzer mitgeteilt werden, was er jeweils einzugeben hat. Im Prinzip gehört vor jedes READ * ein PRINT *. Wie umfangreich müssen oder dürfen diese Erläuterungen sein?

Der „Mann von der Straße" muß die Programme nicht bedienen können. Schließlich geht es nicht um Populärprogramme, sondern es wird eine im weitesten Sinne ingenieurwissenschaftliche Aufgabe unterstellt. Deshalb sollte beim Anwender soviel (Ingenieurs-) Fachwissen vorausgesetzt werden, daß er die spezifische Problematik, die Fachsprache, allgemein gebräuchliche Konventionen und bei Berechnungsprogrammen meist auch den zur Lösung benutzten Algorithmus kennt. Die erforderliche Reihenfolge der Eingabewerte – für nur drei Werte sind schon sechs Varianten möglich – muß man dem Anwender natürlich mitteilen. Falls eine bestimmte physikalische Dimension einzuhalten ist (z. B. Zeiteingabe in Sekunden), muß das auch gesagt werden. Abgestimmt auf das aktuelle Problem können auch andere Hinweise nützlich oder notwendig sein. Man fasse sich aber kurz! Stichworte sind oft besser als wohlformulierte Sätze. Schließlich umfassen die meisten Bildschirme nur 24 Zeilen, und nach Möglichkeit sollte der ganze Eingabedialog darauf abgewickelt werden. Gelingt das nicht, kann das die Bedienung eines Programms erschweren.

Bei hinsichtlich ihrer Handhabung komplizierteren Programmen kann die Entscheidung über den Umfang der Benutzeranleitung durchaus schwerfallen. Dem geübten Anwender reichen vielleicht drei Worte, wo für den Anfänger drei Sätze nötig sind. Dann sollte vielleicht zu einem zweistufigen Aufbau der Gebrauchsanleitung gegriffen werden. Standardmäßig erscheint ein kurzer Text. Wenn der Benutzer nun anstatt die geforderten Daten einzugeben um weitere Hilfe nachsucht, z. B. durch Eingabe des Buchstabens H, obwohl eine Zahl verlangt war, sollte eine ausführliche Erläuterung erscheinen und die Eingabe danach erneut eingefragt werden.

Dieser Plan wirft ein Problem auf: Wie muß in FORTRAN der Lesebefehl für eine Zahl geschrieben werden, damit das Programm nicht abbricht, falls eine nichtnumerische Eingabe erfolgt? Wie kann geprüft werden, ob es sich dann um den vereinbarten Wert (z. B. Buchstabe H) handelte? Wer das Kapitel 4.3 schon gelesen hat, sollte dies als Aufgabe auffassen und sie lösen, ehe er weiterliest.

Damit das Lesen von der Tastatur problemfrei läuft, liest man formatiert (Abschnitt 4.1) auf eine CHARACTER-Variable. Dann wird der Substring (vermutlich Position 1), der einen Kennwert enthalten könnte, mit den vorgesehenen Sollwerten verglichen. Falls einer vorliegt, wird die entsprechende Aktion eingeleitet. Andernfalls erfolgt ein internes formatiertes Lesen (Abschnitt 4.3), tunlichst mit IOSTAT-Parameter, um den Zahlenwert auf eine numerische Variable zu bringen. Falls der Datensatz mehrere Zahlen enthält, könnte mit der INDEX-Funktion nach den Trennzeichen gesucht und die dazwischenliegende Zone gelesen werden.

Bei größeren Programmen oder wenn Programme an verschiedenen Orten eingesetzt werden, ist auch überlegenswert, die Texte aller Schreibeanweisungen des Programms aus dem Quellencode herauszulösen. Sie könnten z. B. in einer Direktzugriffsdatei (Abschnitt 4.4) hinterlegt und vom Programm her über Textnummern angesprochen werden. Wenn sich nun beim Einsatz herausstellt, daß einzelne Formulierungen mißglückt sind, kann das ohne Programmänderung behoben werden. Nur die Textdatei wird überarbeitet. Genauso einfach ist es, die Texte in eine andere Sprache zu übertragen. Dieser Aspekt gewinnt an Bedeutung, wenn es sich um Software für international tätige Unternehmen handelt, oder um Standardsoftware, die eventuell auch im Ausland verkäuflich ist.

Sofern keine extremen Forderungen an die Portabilität eines Programms vorliegen und der Gesamtumfang der Ein- und Ausgabe das zuläßt, sollte hierfür statt der standardmäßigen sequentiellen Abwicklung vielleicht mit Bildschirmmasken gearbeitet werden. Mit *Maske* ist ein feststehendes, aus verschiedenen Feldern zusammengesetztes Bild gemeint. Einzelne Felder enthalten konstante Texte, andere dienen der Ausgabe und die dritte Gruppe umfaßt die Eingabefelder. Die Eingabefelder sollten (über Feldnummern) einzeln ansprechbar sein, was bei entsprechender Programmierung die Chance bietet, nach Eingabefehlern die korrekten Werte zu belassen und nur die fehlerhaften Daten erneut einzugeben. Zu Beginn könnten die Eingabefelder auch der Reihe nach und erst anschließend auf Wunsch des Benutzers individuell angesteuert werden. Bei größeren Datenmengen wird dieser Komfort auch meßbaren Nutzen bringen, weil der Aufwand an Personalzeit für die Eingabe reduziert wird. Die Zahl der Programmläufe mit fehlerhaften Daten wird ebenfalls abnehmen. Da das Prinzip auf mehrseitige Masken erweiterbar ist, spricht eigentlich alles für die maskengesteuerte Eingabe. Der Nachteil ist nur, daß dieses in Standard-FORTRAN nicht realisierbar ist.

Um den Cursor gezielt bewegen zu können, muß hardwareabhängig programmiert werden. Die Programme lassen sich u. U. nicht von allen Arbeitsplätzen her benutzen. Andererseits gibt es aber auch Normen für die Cursorsteuerung, so daß in der Praxis nur exotische Arbeitsplätze nicht unterstützt sind. Verbreitet ist die Norm ANSI X 3.64-1979, aus der Bild 8.1 einen Extrakt zeigt.

Zeichenfolge	Aktion
esc[H	Cursor nach linke obere Ecke
esc[z;sH	Cursor nach Zeile z, Spalte s
esc[lD	Cursor um l Spalten nach links
esc[rC	Cursor um r Spalten nach rechts
esc[oA	Cursor um o Zeilen nach oben
esc[uB	Cursor um u Zeilen nach unten
esc[J	Loeschen von Cursorposition bis Ende Bildschirm
esc[1J	Loeschen von Bildschirmanfang bis Cursorposition
esc[K	Loeschen von Cursorposition bis Zeilenende
esc[1K	Loeschen von Zeilenanfang bis Cursorposition

esc bezeichnet die Escapetaste, ggf. ASCII(27)
l,o,r,u,z sind Zahlen zwischen 1 und 80

Bild 8.1 Auszug aus ANSI X3.64-1979

Wenn man von einem FORTRAN-Programm her eine der „Escape-Sequenzen“ zum Bildschirm schickt und die in Bild 8.1 genannte Wirkung erwartet, muß noch einiges beachtet werden. Um den Standardzeilenvorschub zu unterdrücken, schreibt man formatiert mit Vorschubsteuerzeichen '+'. Die letzte Bildschirmzeile wird nicht für eine Eingabe genutzt, weil das Bild sonst um eine Zeile hochrollt. Nach einer Ausgabe geht der Cursor zum Zeilenanfang. Nur in einigen Sprachdialekten (z. B. VAX-FORTRAN) kann dieser „Wagenrücklauf“ unterdrückt und deshalb in beliebigen Spalten beginnend gelesen werden.

▶ *Beispiel* Ausgabe des Wortes MASKE auf den gelöschten Schirm in Zeile 10 ab Spalte 38.

```
CHARACTER * 1 ESC/27/, ZEILE * 80
ZEILE = '+'//ESC//'[H'//ESC//'[J'//ESC//'[10; 38HMASKE'
PRINT '(A)', ZEILE
```
◀

Dialogprogramme sind dadurch charakterisiert, daß erst das Programm startet und der Benutzer danach Daten eingibt. Bei den Batchprogrammen geht es anders herum. Zuerst hinterlegt der Benutzer die Eingabedaten in einer Datei (früher meist als Stapel von Lochkarten) und bereitet dann den Programmstart vor. Den Beginn der Ausführung legt meist das Betriebssystem fest, das die Batchprogramme aus einer Warteschlange heraus abarbeitet.

Wenn die Daten nicht in einem vorgeschalteten Dialogprogramm eingefragt werden, wird man das Datenfile heutzutage mit dem Editor erstellen. Dazu muß man mindestens wissen, welche Daten gefordert, wie sie auf Datensätze zu verteilen und ob Zwangsreihenfolgen einzuhalten sind. Die entsprechenden Hinweise werden während, besser noch vor der Programmerstellung in einem Benutzerhandbuch niedergeschrieben. Dieses muß aus der Sicht und in der Sprache des Anwenders formuliert sein.

8.2 Dokumentation

Während die Bedienungsanleitung Informationen für den Anwender bereitstellt, wendet sich die Dokumentation an den Programmierer. Auch gut strukturierte Programme müssen zusätzlich dokumentiert werden. Allein aus dem Quellencode heraus (ohne die Kommentare) sind die wenigsten Programme in angemessener Zeit zu durchschauen.

Eine erste Unterstützung für den Leser eines Programms ist die Verwendung sinnvoller Variablennamen. Überlange Namen sollten gemieden werden, selbst wenn der Compiler sie duldet. Sie suggerieren oft Unterschiede, die im ausführbaren Programm nicht mehr zutreffen. So sind z. B. BALKENBREITE und BALKENHOEHE identisch mit BALKEN. Auch das strikte Einhalten der Standardtypvereinbarung erhöht die Lesbarkeit. Von INTEGER und REAL abweichende Typen werden am besten über die IMPLICIT-Anweisung deklariert, so daß stets vom führenden Buchstaben eines Namens auf den Datentyp geschlossen werden kann.

Die eigentliche Dokumentation liegt jenseits dieser Maßnahmen. Was ist ihr Zweck? Aus dem Quellenprogramm und der Gesamtdokumentation muß sich ein Programmierer schnell und sicher in das Programm einarbeiten können. Damit die Dokumentation nicht zu knapp gerät, darf ihr Autor beim späteren Leser nicht sein eigenes Grundwissen voraussetzen. Das gilt für die fachliche wie für die DV-Seite. Um das richtige Maß zu finden, sollte man sich auch hier in die Situation versetzen, ein fremdes Programm ändern zu müssen, und überlegen, welche Informationen das Vorhaben erleichtern würden. Dazu gehört sicher die Beschreibung aller Variablen, die in irgendeiner Weise zur Steuerung herangezogen werden. Abgesehen von wirklich banalen Fällen muß der verwendete Algorithmus erläutert werden. Stammt er aus der Literatur, mag ein präziser Hinweis reichen (Autor, Titel, Verlag, Nummer der Auflage, Seitenangabe). Sehr informativ sind Skizzen oder andere Formen der grafischen Veranschaulichung.

Eine Dokumentation ist nur hilfreich, wenn sie stets auf dem aktuellen Stand und bei Bedarf auch rasch auffindbar ist. Deshalb bieten sich zunächst Kommentare im Quellenprogramm an. Insbesondere für Änderungen, die nach Beginn der Einsatzphase vorgenommen werden, sollte man in Kommentaren hinterlegen, wer wann was geändert hat. Ob auch längere Erläuterungen in Form von Kommentaren in den Quellencode eingefügt werden sollen, ist im Einzelfall abzuwägen. Positiv ist, daß sie dann bei Bedarf zur Hand wären, negativ könnte sein, daß die Programmstruktur wegen zu vieler Kommentare nicht mehr erkennbar ist.

Kann die Dokumentation nicht vollständig im Quellenprogramm untergebracht werden, empfiehlt sich vielleicht eine separate Dokumentationsdatei – aber möglichst auf dem gleichen Rechner, auf dem das Quellenprogramm liegt. Das bietet einige Gewähr, daß neben dem Programm auch die Dokumentation geändert wird. Als letzter Ausweg bleibt dann noch die konventionelle, nicht DV-gestützte Dokumentation auf Papier. Diese Version ist manchmal nicht zu vermeiden, z.B. wenn grafische Darstellungen nötig sind und nur ein Texteditor zur Verfügung steht. Die Erfahrung lehrt aber, daß in die konventionellen Dokumentationen die Programmänderungen oft nur verspätet, manchmal auch gar nicht einfließen. Vermutlich gilt für Programmierer in besonderem Maße der 2. Satz aus Matthäus 26, Vers. 41.

Als Gegenmaßnahme bleibt, an die Disziplin der Programmierer zu appellieren. Sie selbst sind es, die durch die nicht aktualisierte Dokumentation irritiert werden können. Und sie müssen die administrativen Zwänge ertragen, mit denen mancher Vorgesetzte das Problem aus der Welt schaffen möchte.

8.3 Korrektheitsnachweis

Mit der Erstellung eines formal korrekten Quellenprogramms, das also weder im Compile- noch im Link-Schritt zu Fehlern führte, ist die Programmentwicklung keineswegs abgeschlossen. Selbst bei Einsatz modernster Methoden und Werkzeuge des Software-Engineerings bleibt das Programm das Ergebnis menschlicher Arbeit und ist daher in der Regel mit Mängeln behaftet. Nun gilt es, diese zu finden und zu beheben, bzw. nachzuweisen, daß das Programm fehlerfrei ist.

Theoretische Informatiker suchen seit einiger Zeit nach Wegen, die Korrektheit von Programmen im Sinne mathematischer Beweise zu begründen (*Verifikation*). Es wird auch an Konstruktionstechniken gearbeitet, die das Auftreten von Fehlern verhindern sollen. Es bleibt abzuwarten, ob diese Bemühungen zu anwendbaren Ergebnissen führen werden. Wenn man sich aber klar macht, daß selbst in der Mathematik eklatante Pannen aufgetreten sind, und „Beweise" mathematischer Aussagen einige Zeit später widerlegt wurden, drängt sich die Frage auf, wieviel Nutzen der Anwender aus dem Korrektheitsbeweis für ein Programm ziehen kann. Der Autor meint, selbst dann dürfen Programmergebnisse nicht unkritisch als korrekt eingestuft werden.

Der praktisch tätige Softwareentwickler kommt fast immer über ein Stichprobenverfahren zu einer Aussage über die Korrektheit eines Programms. Das Programm wird mit einem Satz von Eingabedaten versorgt und sodann kontrolliert, ob das Ergebnis den Erwartungen entspricht. Die Gesamtheit der *Testdaten* ist so zu gestalten, daß jeder

Programmast mindestens einmal durchlaufen wird. Ob das wirklich eintritt, ist auch zu kontrollieren. Für die nächste Sicherheitsstufe wäre so zu testen, daß jede denkbare Kombination von Programmästen durchlaufen wird. Diese Stufe ist oft schon bei relativ kleinen Programmen unerreichbar, sei es, weil der Programmierer die Vielfalt nicht mehr überschaut, sei es, daß ein derart umfassender Test an Termin- und Kostengrenzen scheitert. Daher darf behauptet werden, daß fast alle im Einsatz befindlichen Programme mit verdeckten Mängeln behaftet sind.

Dennoch ist das Stichprobenverfahren brauchbar und effektiv. Um es generell nutzen zu können, muß man bereit sein, ein Restrisiko für das Auftreten von Fehlern während des produktiven Programmeinsatzes in Kauf zu nehmen. Für den Ingenieur ist das kein ungewöhnliches Verhalten. Schließlich basiert manche seiner Entscheidungen auf Annahmen, Erfahrungen, Beiwerten oder anderen nicht streng mathematisch abgesicherten Dingen. Als Konsequenz darf er nur nicht computergläubig werden.

Der Softwareentwickler muß darauf bedacht sein, mit einem Minimum an Testaufwand ein Maximum an Sicherheit zu erzielen. Das generelle Vorgehen ist, zunächst die einzelnen Moduln separat zu testen, sie dann gruppenweise zu größeren Einheiten zusammenzufügen und auch diese Baugruppen zu testen, bis schließlich die konzipierte Struktur erreicht ist und sich die Gesamtheit der Programme im Zusammenwirken als hinreichend funktionstüchtig herausgestellt hat.

Geeignete Testdaten festzulegen ist ein schwieriges Unterfangen, für das sich kaum ein genereller Rat formulieren läßt. Um Tests bequem wiederholen zu können, sollten die Daten möglichst auf Dateien hinterlegt werden. Schließlich ist keineswegs sicher, daß nach einer Programmänderung die früher korrekt behandelten Testfälle immer noch richtig ablaufen. Streng genommen müssen sie alle wiederholt werden.

Neben dem Test unter Einsatz des Rechners ist die *Inspektion* des Quellencodes ein wirkungsvoller Weg, um Fehler aufzuspüren. Wenn der Programmautor sich bemüht, wirklich mit den Augen zu lesen, was er geschrieben hat, und sich nicht nur erinnert, was er eigentlich schreiben wollte, wird er manchen Fehler schneller finden als mit Rechnereinsatz. Oft ist es auch effektiv, einem Fremden ein kritisches Programmstück zu erklären oder den Code von ihm inspizieren zu lassen. Zum einen wird der Außenstehende nicht durch sein Gedächtnis irritiert, zum andern zeigt sich, wie brauchbar die Dokumentation ist, die tunlichst schritthaltend mit dem Quellencode erstellt wird.

Abschließend sei noch einmal herausgestellt, daß sich sorgfältiges Vorgehen in der Konzeptphase später beim Nachweis der Korrektheit des Programms positiv auswirken wird. Es darf wohl auch behauptet werden, daß sich während der Konzeptphase entscheidet, wieviel Gesamtaufwand für die Projektabwicklung erforderlich ist. Etwas mehr Planung zahlt sich aus! Jedenfalls wird das zu frühzeitige Schreiben von Quellencode oft als Begründung genannt, wenn DV-Projekte den vorgesehenen Zeit- und Kostenrahmen sprengen und man im Nachhinein nach den Ursachen dafür fragt.

9 Zusammenfassungen

Die in den vorangehenden Kapiteln zu FORTRAN gemachten Aussagen sind in diesem Abschnitt schlagwortartig zusammengestellt. Zusätzlich sind Hinweise zu Sprachelementen aufgenommen, deren Kenntnis für die Korrektur älterer Programme hilfreich sein kann, die man aber bei Neuentwicklungen meiden sollte.

*9.1 Allgemeines

- Programm: Unter Programm versteht man die Gesamtheit der Vereinbarungen und Anweisungen zur Lösung einer bestimmten Aufgabe.
- Quellenprogramm: Die in FORTRAN (allgemein: in einer höheren Programmiersprache) formulierte Programmversion heißt Quellenprogramm.
- Struktogramm: Der Lösungsweg für ein aktuelles Problem hängt grundsätzlich nur vom Problem und nicht von der zur Anwendung kommenden Programmiersprache ab. Struktogramme sind ein universell einsetzbares Hilfsmittel zur sprachunabhängigen Darstellung von Lösungswegen. (Symbole siehe Bild 1.3).
- Variable: In FORTRAN ist eine Variable ein adressierbares Stück des Arbeitsspeichers in einem Rechner. Die Variable wird über den Variablennamen angesprochen, der Variablenwert (Speicherplatzinhalt) kann durch entsprechende Anweisungen verändert werden. Die einzelne Variable gehört zu genau einer Programmeinheit, es sei denn, sie ist als COMMON-Variable deklariert.
- Zeichendarstellung: In FORTRAN-Programmen können Zeichenketten verarbeitet werden. Der zu deren Speicherung verwendete Code ist rechnerabhängig und nicht durch die Sprachnorm fixiert. Trotzdem können Vergleiche von Zeichenketten rechnerunabhängig codiert werden, wenn anstelle der Vergleichsoperatoren die lexikalischen Funktionen LGE, LGT, LLE bzw. LLT benutzt werden. Sie arbeiten auf der Basis des ASCII.

*9.2 Formaler Programmaufbau

- Programmeinheit: Ein ausführbares (FORTRAN-) Programm besteht aus Programmeinheiten, die separat übersetzt (Compile-Programm) und danach miteinander verknüpft werden (Link-Programm). In FORTRAN werden vier Arten von Programmeinheiten unterschieden: BLOCKDATA, MAIN, FUNCTION, SUBROUTINE. Ein korrektes Programm enthält genau ein MAIN und höchstens ein BLOCKDATA-Unterprogramm, während die Typen FUNCTION und SUBROUTINE mehrfach auftreten dürfen.

- FORTRAN-Zeile: Die Spalten 1 bis 5 bilden das Labelfeld, Spalte 6 nimmt bei Bedarf die Fortsetzungskennung auf, Spalte 7 bis 72 bilden das Befehlsfeld. Dieses enthält eine Anweisung oder einen Teil einer Anweisung.
- Label: FORTRAN-Statements dürfen Label tragen. Erlaubt sind vorzeichenlose Zahlen (vgl. INTEGER-Konstante) zwischen 1 und 99999. Die Position des Labels im Labelfeld (Spalten 1 bis 5) ist frei wählbar. In der einzelnen Programmeinheit darf kein Label mehrfach auftreten.
- Fortsetzungszeile: Zeilen mit leerem Labelfeld und einem von Null (und Blank) verschiedenen Zeichen in Spalte 6 gelten als Fortsetzung der vorangehenden Zeile, die jedoch keine Kommentarzeile sein darf. Bis zu 19 aufeinander folgende Fortsetzungszeilen sind erlaubt.
- Kommentarzeile: Zeilen, die in Position 1 das Zeichen C oder * tragen, gelten als Kommentar. Sie werden vom Compiler ignoriert.
- PROGRAM-Statement (nicht ausführbar): Mit dieser Anweisung kann dem Hauptprogramm ein Name gegeben werden, der den Standardnamen MAIN ersetzt. Allgemeine Form ist

  PROGRAM Name

  „Name" ist nach den Regeln für FORTRAN-Namen zu bilden.
  Falls das Statement auftritt, muß es Kopfzeile (d.h. 1. Zeile) des Hauptprogramms sein. Der Name darf nicht als lokaler Name im MAIN oder als Name einer anderen Programmeinheit oder eines Commonblocks auftreten.
- END-Statement: Allgemeine Form ist

  END

  Diese Anweisung stellt das physische Ende jeder Programmeinheit dar. Wenn sie während der Ausführung erreicht wird, wirkt sie im Hauptprogramm wie STOP, im Unterprogramm wie RETURN.
- Anordnungsvorschriften: Die ausführbaren Anweisungen sind so zu ordnen, wie es die Lösung der aktuellen Aufgabe erfordert. Die Ausführung beginnt am Anfang des Hauptprogramms. Die verschiedenen Anweisungsarten müssen in jeder Programmeinheit nach dem Schema aus Bild 2.1 geordnet sein.

*9.3 Arithmetik

- Namen: In FORTRAN bestehen Namen aus bis zu 6 Buchstaben oder Ziffern, das erste Zeichen muß ein Buchstabe sein. Der Datentyp ist über diesen führenden Buchstaben vordefiniert: Namen bedeuten INTEGER, wenn sie mit I, J, K, L, M oder N beginnen, die restlichen stellen REAL dar.
  Dieses gilt insbesondere für Variablennamen. Alle nach der vorstehenden Regel gebildeten Namen sind erlaubt – selbst die Schlüsselwörter der Sprache.
- Konstante: Die Schreibregeln hängen vom Datentyp ab.
  Eine INTEGER-Konstante wird als Folge von Dezimalziffern geschrieben, ein Vorzeichen ist erlaubt.

Eine REAL-Konstante wird als Folge von Dezimalziffern mit Dezimalpunkt geschrieben, ein Vorzeichen ist erlaubt. Hinter diese Mantisse darf ein als INTEGER-Konstante geschriebener Dezimalexponent gesetzt werden, der gegen die Mantisse durch den Buchstaben E abgegrenzt ist. Der Dezimalpunkt darf fehlen, wenn der Exponent geschrieben wird.

Eine COMPLEX-Konstante wird als ein zwischen runden Klammern stehendes, durch ein Komma getrenntes Paar von INTEGER- oder REAL-Konstanten geschrieben. Der Imaginärteil steht hinten. Vor die öffnende Klammer darf ein Vorzeichen gesetzt werden.

LOGICAL-Konstanten sind die beiden Werte .TRUE. und .FALSE.

Eine CHARACTER-Konstante (auch Literalkonstante genannt) ist eine zwischen zwei Hochkommas gesetzte Folge beliebiger Zeichen. Soll die Konstante ein Hochkomma enthalten, muß dieses als Paar von Hochkommas codiert werden.

DOUBLEPRECISION-Konstanten entsprechen den REAL-Konstanten mit angefügtem Exponenten, der trennende Buchstabe ist aber D (statt E). Mit ihnen können gut doppelt soviel Ziffern erfaßt werden wie mit REAL-Konstanten.

- Funktionsaufruf: Beim Aufruf einer Funktion wird hinter den Funktionsnamen die in runde Klammern eingeschlossene Argumentliste gesetzt. Sie muß soviele, durch Kommas getrennte Angaben enthalten, wie in der Funktionsdefinition festgelegt. Als Argumente sind Ausdrücke erlaubt. Außer bei Generic-Funktionen, müssen die korrespondierenden Aktual- und Formalparameter vom gleichen Datentyp sein.
- Arithmetische Operatoren: Siehe Bild 3.3.
- Integerdivision: Die Division zweier INTEGER-Größen ergibt ein INTEGER-Ergebnis. Dessen Wert wird durch Abschneiden des Nachkommateils aus dem wahren Quotienten gewonnen.
- Arithmetischer Ausdruck: Der Ausdruck darf Paare runder Klammern enthalten, eingeklammerte Passagen werden vorrangig ausgewertet. Als Operanden sind Konstanten, Variablen und Funktionsaufrufe gestattet. Treten mindestens zwei Operanden auf, müssen sie durch einen arithmetischen Operator verknüpft sein.
- Standardfunktionen: Siehe Bild 3.1.
- Wertzuweisung (s-Statement): Mit diesem Anweisungstyp wird die Auswertung von Ausdrücken und die Speicherung der Ergebnisse veranlaßt.

  Allgemeine Form ist

  Variable = Ausdruck

  Der Wert des rechts stehenden Ausdrucks wird auf der links stehenden Variablen gespeichert. Die Datentypen des ermittelten Wertes und der Variablen, die ihn aufnehmen soll, müssen grundsätzlich übereinstimmen: Beide müssen CHARACTER, beide LOGICAL oder beide numerisch sein. In der Gruppe der numerischen Datentypen wird bei eventuellen Unterschieden wie folgt verfahren.

Variablentyp	Typ des Ausdrucks			
	INTEGER	REAL	DOUBLE-PRECISION	COMPLEX
INTEGER		schneiden	schneiden	Imag. weglassen Realteil schneiden
REAL	Convertieren		Mant. kürzen	Imag. weglassen
DOUBLEPRECISION	Convertieren	Mant. auf-nullen		Imag. weglassen Realteil aufnullen
COMPLEX	Conv., Imag. = 0	Imag. = 0	Imag. = 0	

*9.4 Ein- und Ausgabe

– PRINT-Statement: Für Schreiben auf die Standardausgabeeinheit kann neben einer Variante des WRITE-Kommandos auch die PRINT-Anweisung genutzt werden. Allgemeine Form ist

PRINT nf, Schreibeliste

Die Formatierung (nf) ist unter dem Stichwort FMT-Parameter näher erläutert.

– WRITE-Statement: Hiermit werden Datensätze in eine Ausgabedatei geschrieben. Allgemeine Form ist

WRITE (nd, nf, REC = ns, ERR = lab2, IOSTAT = Intvar) Schreibeliste

Einige der in Klammern stehenden sog. Kontrollinformationen (s. dort) und auch die Schreibeliste (s. dort) sind entbehrlich.

– READ-Statement: Mit dieser Anweisung können während der Programmausführung Datensätze aus Dateien gelesen und darin enthaltene Werte auf den Variablen der Leseliste abgelegt werden. Allgemeine Form ist

READ (nd, nf, REC = ns, END = lab1, ERR = lab2, IOSTAT = Intvar) Leseliste

Einige der in Klammern stehenden sog. Kontrollinformationen und auch die Leseliste sind entbehrlich. In diesem Fall können jedoch keine Daten übertragen werden.
Für Lesen von der Standardeingabeeinheit existiert auch die Variante

READ nf, Leseliste

Die Formatierung (nf) ist unter dem Stichwort FMT-Parameter näher erläutert.

– Schreibeliste: Erlaubte Bestandteile in Schreibelisten sind

Ausdrücke (insbesondere Variablen)
Arraynamen
implizite Schleifen

Die einzelnen Bestandteile werden gegeneinander durch Kommas abgegrenzt.

Ein Arrayname repräsentiert alle Elemente des Arrays. Sie werden in der Reihenfolge angesprochen, wie sie im Speicher liegen.
Durch einen Schreibevorgang wird normalerweise ein Satz auf die Ausgabedatei gebracht. Falls unter FORMAT-Steuerung gearbeitet wird, können die Daten aus einer Schreibeliste auch auf mehrere Sätze verteilt werden.

– Leseliste: Hier dürfen folgende Bestandteile auftreten

  gewöhnliche Variable
  indizierte Variable
  Arraynamen
  implizite Schleifen

  Die einzelnen Bestandteile werden gegeneinander durch Kommas abgegrenzt.
  Ein Arrayname repräsentiert alle Elemente des Arrays. Sie werden in der Reihenfolge angesprochen, wie sie im Speicher liegen.
  Alle über die Leseliste angesprochenen Speicherplätze erhalten durch den Lesevorgang Werte. Diese stammen aus einem oder mehreren Sätzen der Lesedatei. Beim listengesteuerten Lesen können die Inhalte aufgeführter Plätze auch unverändert bleiben.

– Implizite Schleife: Sie ist in Lese-, Schreibe- und DATA-Anweisungen erlaubt und bietet die Möglichkeit, die *Anzahl* der in einer Lese- oder Schreibeliste angesprochenen Plätze datenabhängig zu verändern. Allgemeine Form der impliziten Schleife ist

  (Platzangabe, Laufliste)

  Die Regeln für die Laufliste stehen in Kap. 5 unter dem Stichwort DO.
  Als Platzangabe sind Variable, insbesondere mit Index, und wiederum implizite Schleifen erlaubt, die gegeneinander durch Kommas getrennt sind.
  Bei der Ausführung werden für den ersten Wert der Laufvariablen alle angegebenen Plätze durchlaufen. das wird für den zweiten Wert wiederholt usw., bis die Laufliste vollständig abgearbeitet ist.

– Listengesteuertes Lesen: Die Leseliste regelt, welche Speicherplätze angesprochen werden. Die Art der internen Speicherung richtet sich nach dem jeweiligen Variablentyp. Auch die einzugebenden Daten müssen darauf abgestimmt sein.

Variablentyp	Form der Konstante im Datensatz
INTEGER	INTEGER
REAL	INTEGER, REAL
COMPLEX	INTEGER, REAL, COMPLEX
LOGICAL	LOGICAL
CHARACTER	Nicht leere, durch Hochkommas begrenzte Literalkonstante

Die einzugebenden Konstanten werden durch Trennzeichen gegeneinander abgegrenzt und dürfen auf mehrere Datensätze verteilt werden. Als Trennzeichen wirken, sofern sie nicht Teil einer Literalkonstanten sind:

- ein oder mehrere Leerzeichen (stehen sie am Anfang des ersten Datensatzes oder hinter dem letzten erforderlichen Eingabewert, werden sie ignoriert),
- ein Komma, das auch von Leerzeichen umgeben sein darf,
- ein Schrägstrich, der auch von Leerzeichen umgeben sein darf.

Wenn zwischen zwei Trennzeichen keine Konstante steht, bleibt der entsprechende Speicherplatz aus der Leseliste unverändert. Der Schrägstrich beendet das Lesen, alle noch nicht bearbeiteten Plätze bleiben ebenfalls unverändert.

– Kontrollinformationen in Lese-/Schreibeanweisungen: Die allgemeine Form dieser hinter READ bzw. WRITE zu codierenden Angaben ist

(nd, nf, REC = ns, END = lab1, ERR = lab2, IOSTAT = Intvar)

Soweit die einzelnen Parameter mit einem Kennwort beginnen, darf ihre Reihenfolge vertauscht werden. Nur bei der Festlegung der Datei (UNIT = nd) und der Formatierung (FMT = nf) darf das Kennwort fehlen. Allerdings müssen diese Angaben dann in der oben angeführten Form auf den Plätzen 1 (Datei) und 2 (Formatierung) stehen.
Die zu benutzende Datei muß immer genannt werden. Für die anderen Parameter gelten folgende Aussagen:
Der END-Parameter ist nur beim Lesen einer sequentiellen Datei erlaubt.
Die Satznummernfestlegung REC = ns wird nur beim Lesen und Schreiben für Direktzugriffsdateien benutzt.
Über die vorhandene oder fehlende Formatierung (nf bzw. FMT = nf) wird gesteuert, ob eine formatierte oder unformatierte Datenübertragung ablaufen soll.

– UNIT-Parameter: Durch diesen Parameter wird die beim Datentransfer zu benutzende Datei festgelegt. Er ist von der Form

UNIT = nd

Falls er an der ersten Stelle der Kontrollinformationen steht, reicht die Fassung

nd

die auch in all den Statements dieses Kapitels verwendet werden kann, die von den Kontrollinformationen nur den UNIT-Parameter benötigen. Für „nd“ sind verschiedene Schreibweisen möglich:

nd	Bedeutung
*	Standarddatei (Nummer 0). Beim Lesen i. a. die Tastatur. Beim Schreiben i. a. der Bildschirm
INTEGER-Ausdruck	Externe Datei. Anlagenspezifisch werden kleinen natürlichen Zahlen auf der Rechnerperipherie angesiedelte Dateien zugeordnet.
CHARACTER-Variable (ggf. indiziert)	Interne Datei. Die CHARACTER-Variable bzw. das CHARACTER-Array-Element bilden die (aus einem Satz bestehende) Datei. Hierfür ist formatiertes Schreiben und Lesen vorgeschrieben.

– END-Parameter: Dieser Parameter wird als

END = lab1

geschrieben. „lab1“ steht für den Label einer ausführbaren Anweisung. Er darf beim Lesen einer sequentiellen Datei genutzt werden. Wenn versucht wird, hinter dem letzten Satz einer solchen Datei zu lesen, wird die Dateiende-Information (EOF = end of file) an das Programm übergeben, und dort ein Sprung zu der Anweisung ausgelöst, deren Label (lab1) im END-Parameter (END = lab1) angegeben ist. Ist das betreffende READ ohne END- und IOSTAT-Parameter codiert, würde ein Laufzeitfehler auftreten.

– REC-Parameter: Falls eine Datei als Direktzugriffsdatei vereinbart wurde, muß in jedem dorthin gerichteten READ- oder WRITE-Statement gesagt sein, welcher Satz angesprochen ist. Die Sätze werden über Nummern identifiziert, die kleinste Satznummer ist 1. Die aktuelle Satznummer ns wird als REC = ns in den Kontrollinformationen des jeweiligen READ-/WRITE-Statements genannt.
Das Lesen eines noch nicht geschriebenen Satzes führt zu einem Laufzeitfehler.

– FMT-Parameter: Er ist von der Form

FMT = nf

Falls er an der zweiten Stelle der Kontrollinformationen steht, reicht die Fassung

nf

Sinn dieser Angabe ist, die auf der Empfängerseite zu benutzende Darstellungsform festzulegen. Erlaubte Angaben sind:

nf	Bedeutung
*	Listengesteuertes Lesen/Schreiben externer sequentieller Dateien
INTEGER-Konstante	Label einer FORMAT-Anweisung, die die Formatierungsangaben enthält
CHARACTER-Konstante oder -variable	Formatierung. Sie wird wie eine FORMAT-Anweisung ohne Label und ohne das Kennwort FORMAT geschrieben

– ERR-Parameter: Dieser Parameter wird als

ERR = lab2

geschrieben. „lab2" steht für den Label einer ausführbaren Anweisung. Falls beim Lesen oder Schreiben eine Fehlerbedingung auftritt und die betreffende Lese-/Schreibanweisung mit dem ERR-Parameter versehen ist, wird zu dem Statement gesprungen, dessen Label (lab2) im ERR-Parameter (ERR = lab2) genannt ist. Fehlt der Parameter, resultiert ein Laufzeitfehler. Analog wirkt der ERR-Parameter im OPEN-Statement.

– IOSTAT-Parameter: Er wird als

IOSTAT = Intvar

geschrieben mit einer gewöhnlichen INTEGER-Variablen anstelle von Intvar. Nach dem Lesen oder Schreiben ist diese Statusvariable versorgt. Das Vorzeichen ist durch die Sprachnorm vorgeschrieben, die Werte sind rechnerabhängig:

Intvar	Bedeutung
< 0	Dateiende wurde erreicht
= 0	Lesen bzw. Schreiben war erfolgreich
> 0	Es trat ein Fehler auf

Wenn dieser Parameter gesetzt ist, sind END- und ERR-Parameter überflüssig.

– FORMAT-Statement (nicht ausführbar): Bei formatiertem Lesen oder Schreiben müssen Darstellungsfragen für die Werte der betroffenen Variablen geregelt werden. Das kann in einer separaten Anweisung erfolgen. Allgemeine Form ist:

lab FORMAT (Codes)

Der Label „lab" ist erforderlich, wenn das FORMAT benutzbar sein soll. Falls mehrere Formatcodes auftreten, müssen sie durch ein Komma, eventuell durch einen Schrägstrich gegeneinander abgegrenzt sein. Der Schrägstrich bedeutet zugleich das Ende eines Datensatzes.
Eine Gruppe von Formatcodes ist dazu vorgesehen, für die Plätze der Leseliste bzw. die Daten der Schreibeliste die Darstellung auf der Empfängerseite zu regeln. Der benutzte Code muß auf den jeweiligen Datentyp abgestimmt werden.

Datentyp	Code
INTEGER	Im
REAL	Fm.n oder Em.n oder Gm.n
DOUBLEPRECISION	Fm.n oder Dm.n oder Gm.n
COMPLEX	je ein Code für Real- und Imaginärteil
LOGICAL	Lm
CHARACTER	Am oder A

Hier bedeuten m die Feldweite im Datensatz und n die Anzahl der Ziffern nach dem Dezimalpunkt. Beim Lesen mit einem D-, E-, F- oder G-Code hat ein im entsprechenden Feld des Datensatzes stehender Punkt Vorrang vor der im Code vereinbarten Position des Dezimalpunktes.
Beim Schreiben mit einem F-Code wird der Wert der Zahl als Ziffernfolge mit Punkt dargestellt, der D- und E-Code führen zu einer normalisierten Mantisse (der Wert ist 0, oder der Dezimalpunkt steht vor der ersten von 0 verschiedenen Ziffer), an die sich der Buchstabe D oder E und ein Dezimalexponent anschließen. Beim G-Code wird je nach Zahlenwert mit oder ohne Exponent ausgegeben.
Den Codes aus der genannten Tabelle dürfen Codewiederholzahlen vorangestellt werden, die sagen, wie oft der jeweilige Code in Serie zu verwenden ist. Auch die durch ein Paar runder Klammern gebildeten Codegruppen können in gleicher Form wiederholt werden. Dabei sind in der Gruppe auch alle weiteren Formatcodes gestattet.
Folgende Codes stehen noch zur Verfügung

Code	Wirkung beim Lesen	Wirkung beim Schreiben
mX	m Zeichen übergehen	m Leerzeichen
kP		Der Punkt in der Mantisse wird um k Stellen nach rechts versetzt (und der Exponent entsprechend verringert). Rückkehr zur normalen Form mit ØP. (Beim F-Code wird der Zahlenwert verändert!!!)
/	Ende des Datensatzes	Ende des Datensatzes
Ti	Im Datensatz wird auf das i-te Zeichen positioniert. Anschließende Datenübertragungen betreffen diese und die nachfolgenden Stellen des Datensatzes. (Bei Ausgabe ggf. die Vorschubstelle mitzählen!)	
TLk	Vor der nächsten Datenübertragung wird im Datensatz um k Positionen nach links gegangen (maximal auf Position 1).	
TRk	Vor der nächsten Datenübertragung wird im Datensatz um k Positionen nach rechts gegangen.	

– Vorschubsteuerung bei der Ausgabe: Verschiedene Peripheriegeräte (z. B. Bildschirm und Drucker) interpretieren das erste Zeichen eines ihnen zugesandten FORTRAN-Datensatzes als vertikales Vorschubzeichen. Dargestellt werden nur die Zeichen ab Satzposition 2.

Vorschubzeichen	Wirkung
'1'	Vorrücken an den Anfang der nächsten Seite
'0'	Eine Zeile überspringen
'+'	Zeilenvorschub unterdrücken
blank	Ausgabe in der nächsten Zeile

Andere Zeichen wirken wie blank, wobei herstellerabhängig einige weitere Zeichen eine spezifische Wirkung haben können.

– OPEN-Statement: Hiermit wird eine Zuordnung getroffen zwischen einer in Lese-/ Schreibeanweisungen zu benutzenden UNIT (nd) und einer externen Datei. Allgemeine Form ist:

OPEN (nd, kw1 = attr1, kw2 = attr2, ...)

Mit kw1, kw2, ... sind Kennwörter, mit attr1, attr2, ... Attribute gemeint. Für nicht gesetzte Attribute gelten Standardfestlegungen. Die nachstehende Tabelle zeigt die möglichen Kennwörter.

Eintrag	Attribute und Konsequenz
FILE = char	Falls der Dateiname vorgegeben werden soll, muß das direkt hinter der UNIT geschehen. Die Datei wird nur über das Programmende hinaus aufgehoben, wenn der FILE-Parameter gegeben ist. Die weitere Reihenfolge ist frei wählbar.
STATUS = char	char = { 'OLD' Standard, Bearbeitung einer existierenden Datei 'NEW' Schreiben einer neuen Datei
ACCESS = char	char = { 'SEQUENTIAL' Standard 'DIRECT'
FORM = char	char = { 'FORMATTED' Standard bei sequentiellem Zugriff 'UNFORMATTED' Standard bei direktem Zugriff 'BINARY'
IOSTAT = ivar	Die INTEGER-Variable ivar gibt zu jeder Zeit Auskunft über den momentanen Dateizustand ivar { < 0 die end-of-file-Bedingung ist eingetreten $= 0$ weder Fehler noch end-of-file > 0 eine Fehlersituation liegt vor
RECL = int	Bei Direktzugriffsdateien muß die Satzlänge festgelegt werden. Für int ist ein INTEGER-Ausdruck erlaubt. Bei formatierten Sätzen ist int die Anzahl der Bytes, bei unformatierten die Anzahl der 4-Byte-Worte.

Die UNIT 0 wird automatisch geöffnet. Ein OPEN dafür bliebe ohne Wirkung. Für weitere Festlegungen (Zustand der Datei nach dem Programmende, Bedeutung der Fehlercodes) muß auf die Handbücher der Hersteller verwiesen werden.

- CLOSE-Statement: Es gestattet, eine externe Datei schon vor der Beendigung des Programmlaufes zu schließen. Allgemeine Form ist:

  CLOSE (nd, STATUS = st)

  Die Dateiangabe (nd) ist unter „UNIT-Parameter" erläutert. Mit dem Statusparameter wird bestimmt, wie anschließend mit der Datei verfahren werden soll:

st	Konsequenz
'KEEP'	Datei aufheben
'DELETE'	Datei vernichten

  Falls der STATUS-Parameter nicht benannt ist, wird 'KEEP' unterstellt.
- ENDFILE-Statement: Das Betriebssystem schließt von sich aus externe Dateien mit einem End-of-file-Satz ab. Wenn das hingegen schon vom FORTRAN-Programm her geschehen soll, wird das mit dieser Anweisung erreicht. Allgemeine Form ist

  ENDFILE nd

  Die bei der Angabe der betroffenen Datei (nd) einzuhaltenden Regeln sind unter „UNIT-Parameter" aufgeführt.
- REWIND-Statement: Mit dieser Anweisung wird eine externe, sequentielle Datei an ihren Anfang zurückgesetzt.
  Allgemeine Form ist

  REWIND nd

  Die Formvorschriften für die Angabe der betroffenen Datei stehen unter „UNIT-Parameter".
- BACKSPACE-Statement: Auf externen sequentiellen Dateien markiert ein sog. Pointer die momentan zur Bearbeitung anstehende Stelle. Dieser Pointer kann um ein definiertes Stück zurückgesetzt werden.
  Allgemeine Form ist

  BACKSPACE nd

  Die Formvorschriften für die Angabe der betroffenen Datei (nd) stehen unter „UNIT-Parameter". Die genaue Wirkung der Anweisung richtet sich nach der momentanen Pointerposition.

Pointer vorher	Pointer nachher
Innerhalb eines Satzes	Am Anfang des Satzes
Am Ende eines Satzes	Am Anfang des Satzes
Am Anfang der Datei	Am Anfang der Datei
Hinter EOF (end-of-file-Marke)	Vor EOF

  Abweichend davon wird bei BINARY-Dateien um ein Byte zurückgesetzt.

*9.5 Programmsteuerung

– Logischer Ausdruck: Ein logischer Ausdruck enthält Vergleiche oder logische Größen der Art Konstante, Variable oder Funktionsaufruf. Jedem dieser Operanden darf der Negationsoperator .NOT. vorangestellt sein. Treten mindestens zwei Operanden auf, müssen sie durch einen der nachstehenden logischen Operatoren verknüpft werden.

Bedeutung	FORTRAN-Schreibweise
logisch und	.AND.
logisch oder (einschließend)	.OR.
äquivalent	.EQV.
nicht äquivalent	.NEQV.

Zusätzlich dürfen Paare runder Klammern zur Steuerung der Auswertungsreihenfolge eingefügt werden.
In der Hierarchie der Operatoren stehen die logischen mit folgender Abstufung unter den arithmetischen und den Vergleichsoperatoren:

Operator	Rangstufe
arithmetisch	1 bis 3
alle Vergleichsoperatoren	4
.NOT.	5
.AND.	6
.OR.	7
.EQV. und .NEQV.	8

Kleinere Stufenzahl bedeutet vorrangige Auswertung.

– Vergleich: Es stehen 6 Vergleichsoperatoren zur Verfügung.

Bedeutung	FORTRAN-Schreibweise
$=$	.EQ.
$\geqslant$	.GE.
$>$	.GT.
$\leqslant$	.LE.
$<$	.LT.
$\neq$	.NE.

Damit lassen sich in folgender Weise Vergleiche formulieren:

Zeichenkette Vergleichsoperator Zeichenkette oder
arithmetischer Ausdruck Vergleichsoperator arithmetischer Ausdruck

Die numerischen Ausdrücke müssen reellwertig (INTEGER, REAL, DOUBLEPRECISION) und dürfen von unterschiedlichem Typ sein. Beschränkt man sich auf die Operatoren „gleich“ und „ungleich“ sind auch komplexwertige Ausdrücke erlaubt. Bei Zeichenketten unterschiedlicher Länge werden an die kürzere soviel Leerzeichen angehängt, bis sich Strings gleicher Länge ergeben, die dann verglichen werden.

– DOWHILE-Statement: Vor solche Teile des Quellenprogramms, die eventuell mehrfach ausgeführt werden sollen, wird ein DO-Statement gesetzt. Sofern keine Restriktionen an die Art der Steuerung gestellt sind, wird das zu wiederholende Programmstück („Schleifenkörper“) in folgender Form begrenzt:

```
DOWHILE (logischer Ausdruck)
    Schleifenkörper
ENDDO
```

Der Schleifenkörper wird ausgeführt, solange der logische Ausdruck wahr ist. Der Körper darf beliebige ausführbare Anweisungen außer END enthalten, insbesondere auch weitere Schleifen.
Diese Schleifenform ist zwar verbreitet (z. B. DEC, HP), aber nicht Standard-FORTRAN 77. Die Codierung in Standard-FORTRAN lautet:

```
lab IF (logischer Ausdruck) THEN
        Schleifenkörper
        GOTO lab
    ENDIF
```

Für lab ist ein Label einzusetzen.

– DO-Statement: Vor solche Teile des Quellenprogramms, die eventuell mehrfach ausgeführt werden sollen, wird ein DO-Statement gesetzt. Wenn die Steuerungslogik als arithmetische Folge formulierbar ist, sollte das zu wiederholende Programmstück („Schleifenkörper“) in folgender Form begrenzt werden:

```
    DO lab Laufliste
        Schleifenkörper
lab CONTINUE
```

Darin bedeutet „lab“ den Label der letzten zum Schleifenbereich gehörenden ausführbaren Anweisung.
Die Laufliste kann zwei Formen haben:

```
Laufvariable = la, le, ls
Laufvariable = la, le
```

Darin bedeuten la den Anfangswert, le den Endwert und ls die Schrittweite (Standardwert ist 1) für die Laufvariable. Diese Angaben dürfen INTEGER-Ausdrücke sein. (Erlaubt, aber nicht zu empfehlen, sind noch REAL und DOUBLEPRECISION).
Die Laufvariable nimmt der Reihe nach die Werte la, la + ls, la + 2ls, la + 3ls usw. an. Die Schleife wird ausgeführt, falls

Laufvariable $\leqslant$ le (für ls $>$ 0), bzw.
Laufvariable $\geqslant$ le (für ls $<$ 0).

Schrittweite 0 ist verboten. Je nach aktueller Laufliste erfolgt gar kein Schleifendurchlauf.
Als letztes Statement sind statt CONTINUE auch einige andere ausführbare Statements zugelassen (z. B. Wertzuweisung, I/O Statement), doch sollte aus Gründen der besseren Lesbarkeit darauf verzichtet werden.

In der Laufliste auftretende Variablen dürfen im Schleifenkörper nicht verändert werden.
Nachdem die Schleife vollständig durchlaufen ist, hat die Laufvariable keinen durch die Norm fixierten Wert.
Der Schleifenkörper darf beliebige ausführbare Anweisungen außer END enthalten, insbesondere auch weitere Schleifen.

– CONTINUE-Statement: Diese Anweisung erzeugt keinen Maschinenbefehl, sie darf aber einen Label tragen. Sie wird als Ende von DO-Schleifen eingesetzt. Ihre Form ist

  lab CONTINUE

  Der Label lab ist nicht zwingend erforderlich.

– Logisches IF-Statement: Diese Anweisung, auch *bedingte Anweisung* genannt, gestattet für eine Reihe ausführbarer Anweisungen, deren Ausführung vom Vorliegen gewisser Bedingungen abhängig zu machen. Allgemeine Form ist

  IF (logischer Ausdruck) Anweisung

  Als Anweisung sind alle ausführbaren Anweisungen zugelassen außer

  DO
  logisches IF
  Block-IF
  ELSEIF
  ELSE
  ENDIF
  END

  Falls der logische Ausdruck den Wert .FALSE. ergibt, wird die hinter der schließenden Klammer stehende Anweisung ausgelassen. Andernfalls wird sie ausgeführt und, falls es kein Sprung war, mit dem auf die bedingte Anweisung folgenden Statement fortgesetzt.

– Block-IF-Statement: FORTRAN 77 bietet die Möglichkeit, Folgen von Anweisungen zu Blöcken zusammenzufassen und Gruppen von alternativ zu durchlaufenden Blöcken zu bilden, von denen höchstens einer ausgeführt wird. Diese Anweisung markiert den Anfang eines derartigen Programmteils.
  Allgemeine Form ist

  IF (logischer Ausdruck) THEN

  Falls der logische Ausdruck (Regeln s. dort) den Wert .TRUE. ergibt, wird der hier beginnende Block ausgeführt und danach hinter dem zugehörigen ENDIF fortgesetzt.

  Blockende ist das nächste ELSEIF, ELSE oder ENDIF gleicher Stufe. Ergab sich .FALSE., wird der Block ausgelassen und die Ausführung hinter dem Blockende fortgesetzt.
  In einem Block sind (außer END) alle ausführbaren Anweisungen erlaubt. Falls dort Schleifen- oder Block-IF-Anfänge auftreten, muß auch das zugehörige Schleifenende bzw. ENDIF im gleichen Block liegen.

Der ganze Block-IF-Programmabschnitt hat folgende allgemeine Form:

```
IF (log.A1) THEN
ELSEIF (log.A2) THEN
ELSEIF (log.A3) THEN
   usw.
ELSE
ENDIF
```

Darin stehen „log.A1", „log.A2" usw. für logische Ausdrücke.

– ELSEIF-Statement: In einem „Block IF" können über die einfache Ja/Nein-Entscheidung hinaus mehrere Alternativen formuliert werden, die mit diesem Statement beginnen. Allgemeine Form ist

```
ELSEIF (logischer Ausdruck) THEN
```

Hiermit wird der Anfang eines Blockes markiert, der bis vor das nächste ELSEIF, ELSE oder ENDIF gleicher Stufe reicht.
Falls der logische Ausdruck (Regeln s. dort) den Wert .TRUE. ergibt, wird der angesprochene Block von Anweisungen ausgeführt. Im übrigen gelten die unter Block-IF aufgeführten Regeln.

– ELSE-Statement: Diese Anweisung markiert den Beginn des „sonst"-Blocks im sog. Block-IF und beschließt zugleich den vorangehenden Block (dessen Ende unmittelbar vor ELSE liegt). Das Statement lautet:

```
ELSE
```

Der hier beginnende Block endet unmittelbar vor dem nächsten ENDIF gleicher Stufe. Er wird ausgeführt, wenn keiner der vorangehenden Blöcke des zugehörigen Block-IF zum Tragen kam. Im übrigen gelten die unter Block-IF aufgeführten Regeln.

– ENDIF-Statement: Jedes Block-IF (vergl. dort) muß mit einem ENDIF gleicher Stufe beendet werden, womit zugleich der letzte Block abgeschlossen wird. Allgemeine Form ist

```
ENDIF
```

Nachdem höchstens einer der Blöcke des Block-IF-Abschnitts durchlaufen wurde, wird mit der auf ENDIF folgenden Anweisung fortgesetzt.

– GOTO-Statement: Um die Ausführung des Programms an einer bestimmten Stelle der aktuellen Programmeinheit fortzusetzen, kann eine Sprunganweisung codiert werden. Hier wird nur die einfachste Form vorgestellt:

```
GOTO lab
```

Darin bedeutet lab den Label der Zeile, zu der verzweigt werden soll.

– STOP-Statement: Die Ausführung eines Programms endet, wenn das END-Statement des MAIN erreicht wird. Die gleiche Wirkung erzielt

```
STOP
```

*9.6 Deklarationen

– IMPLICIT-Statement (nicht ausführbar): Die Datentypen INTEGER und REAL sind in FORTRAN standardmäßig über den ersten Buchstaben der Namen festgelegt. In entsprechender Form können auch andere Datentypen vereinbart oder vom Standard abgewichen werden. Allgemeine Form ist

IMPLICIT Typkennwort (b)

Als Typkennwort wird eines der im Punkt „Datentypen" genannten Schlüsselwörter eingesetzt. Datentypen von Standardfunktionen werden hiervon nicht beeinflußt.
In den Klammern werden einzelne Buchstaben genannt, womit allen vom Benutzer definierten Namen, die mit einem dieser Buchstaben beginnen, der durch das Kennwort festgelegte Datentyp zugeordnet ist. Mit nachfolgenden expliziten Typdeklarationen kann für einzelne Variablen hiervon wieder abgewichen werden.
Wenn zwischen den Klammern mehrere Buchstaben angeführt sind, werden sie durch Kommas getrennt. Anstelle eines solchen Leitbuchstabens kann auch ein Intervall „von Buchstabe bis Buchstabe" genannt werden. Das geschieht in der Form

b – b

– Datentypen: In FORTRAN stehen standardmäßig folgende Datentypen zur Verfügung:

```
CHARACTER
CHARACTER * n
COMPLEX              (COMPLEX * 8)
INTEGER              (INTEGER * 4)
LOGICAL
REAL                 (REAL * 4)
DOUBLEPRECISION      (REAL * 8)
```

Die zulässigen Längen n bei CHARACTER sind herstellerabhängig. Das Intervall $1 \leqslant n \leqslant 127$ sollte durchweg gestattet sein.

– Typdeklarations-Statement (nicht ausführbar): FORTRAN bietet die Möglichkeit, für einzelne Variablen einen Datentyp festzulegen, der von der Standardzuordnung oder einer zuvor erfolgten IMPLICIT-Vereinbarung abweicht. Allgemeine Form der expliziten Typvereinbarung ist

Typkennwort Name(n)

Als Typkennwort wird eines der im Punkt „Datentypen" genannten Schlüsselwörter eingesetzt.
Falls mehrere Namen auftreten, werden sie untereinander durch Kommas getrennt. Erlaubt sind die Namen von Variablen, Arrays und Funktionen.
Wird der Datentyp eines Arrays vereinbart, kann hier zugleich der Indexbereich festgelegt werden. Dafür gelten die unter „DIMENSION-Statement" genannten Regeln. Für einzelne Variablen können in der Typdeklaration auch Anfangswerte festgelegt werden (vgl. DATA-Statement). Dafür schreibt man

Name/Anfangswert/

Bei CHARACTER darf die Länge auch hinter dem Namen angegeben werden:

Name * Länge

– PARAMETER-Statement (nicht ausführbar): Mit dieser Anweisung können Namen für Konstanten vergeben werden. Allgemeine Form ist

PARAMETER (Name1 = Wert1, Name2 = Wert2 usw.)

Wert1, Wert2 usw. repräsentieren Konstante. Name1, Name2 usw. sind symbolische Namen, die mit dem Typ des Wertes übereinstimmen müssen, ggf. werden sie vorher deklariert. Im numerischen Bereich darf der definierende Wert als Ausdruck geschrieben werden, in dem auch zuvor definierte Parameter vorkommen dürfen. Der Potenzoperator ist nur bei INTEGER gestattet.
Falls PARAMETER-Anweisungen auftreten, müssen sie vor den Vereinbarungen für Formelfunktionen und vor den ausführbaren Anweisungen stehen.
Parameternamen dürfen grundsätzlich dort eingesetzt werden, wo Konstante vorgesehen sind. Falls für einzelne Anweisungen Einschränkungen bestehen, ist das dort vermerkt.

– DIMENSION-Statement (nicht ausführbar): Der Compiler ist grundsätzlich auf gewöhnliche Variablen eingestellt. Sollen indizierte Variablen benutzt werden, muß das vereinbart werden, z. B. mit diesem Anweisungstyp. Allgemeine Form ist

DIMENSION Arrayname (Indexbereich)

Bei mehrfach-Indizierung werden zwischen den Klammern der Bereich für den 1. Index, der für den 2. Index usw. hintereinander gesetzt und durch Kommas getrennt.
Ein Indexbereich wird durch Nennung des Minimal- und des Maximalwertes festgelegt bzw. nur durch Angabe des Maximalwertes, falls der Minimalwert 1 sein soll. Das geschieht in der Form

min : max bzw.
max

Hierin bedeuten min und max vorzeichenlose INTEGER-Konstanten oder -PARAMETER. Nur bei der Vereinbarung formaler Arrays in Unterprogrammen dürfen min und max INTEGER-Variablen aus der Formalparameterliste sein.
In einem DIMENSION-Statement können mehrere Arrays vereinbart werden. Dazu wird hinter die schließende Klammer ein Komma gesetzt, dem der nächste Arrayname und dessen Indexbereich in der vorstehend erläuterten Form folgen.

– COMMON-Statement (nicht ausführbar): Mit diesem Statement wird der Compiler veranlaßt, einzelne Variablen und Arrays außerhalb der aktuellen Programmeinheit in einem sog. COMMON-Bereich anzulegen. Allgemeine Form ist

COMMON/coname/Namen

Die Schrägstriche schließen den Namen des „benannten" COMMON-Bereichs ein, der nach den FORTRAN-Namensregeln (s. Kap. 3) zu bilden ist. Mit Namen sind Variablen- und Arraynamen gemeint, die untereinander durch Kommas getrennt werden. Ein Arrayname repräsentiert alle Elemente des zuvor dimensionierten Arrays. Anstelle

einer vorangehenden Dimensionierung dürfen Arrays auch im COMMON-Statement vereinbart werden. Dabei sind die unter dem Stichwort DIMENSION-Statement genannten Regeln einzuhalten.
Die Zuordnung der COMMON-Plätze zu den COMMON-Variablen (-Arrays) erfolgt über die Position ihrer Namen in der bzw. in den COMMON-Anweisungen der aktuellen Programmeinheit.
Ein bestimmter COMMON-Block sollte in allen Programmeinheiten, in denen er auftritt, gleich groß angelegt werden. Wenn es auch nicht erforderlich ist, empfiehlt es sich zugunsten der besseren Lesbarkeit, denselben COMMON-Platz stets über denselben Namen anzusprechen.
Der COMMON-Name darf nicht mit dem Namen einer Programmeinheit des aktuellen Programms übereinstimmen. Innerhalb einer Programmeinheit, die eine COMMON-Anweisung enthält, darf der COMMON-Name nicht in anderer Bedeutung (z. B. als Variable) verwendet werden.

– DATA-Statement (nicht ausführbar): Mit dieser Anweisung können Speicherplatzinhalte vordefiniert werden. Die vereinbarten Werte werden beim Laden des Programms erzeugt. Allgemeine Form ist

DATA Name(n)/Anfangswert(e)/

Eventuelle Typdeklarationen müssen vorher erfolgen. Falls mehrere Namen auftreten, werden sie durch Kommas getrennt. Erlaubt sind Variablennamen, Arraynamen und implizite Schleifen. Ein Arrayname repräsentiert den ganzen Array, die Arrayelemente werden in der Reihenfolge belegt, wie sie im Speicher hintereinander stehen.
Die Zahl der Startwerte muß übereinstimmen mit der Zahl der Speicherplätze, die durch die Namensliste angesprochen werden. Der 1. Wert wird dem 1. Platz zugeordnet, der 2. Wert dem 2. Platz usw.
Eine Folge von n gleichen Anfangswerten (w1) kann anstelle der n-maligen Nennung des Wertes auch in der Form

n * w1

geschrieben werden. In jedem Fall ist sicherzustellen, daß der Datentyp des Platzes und der Typ des entsprechenden Anfangswertes zueinanderpassen.
Hinter dem schließenden Schrägstrich dürfen weitere Namen mit ihren Anfangswerten folgen, wobei auch hierfür wieder alle genannten Regeln einzuhalten sind.

– BLOCKDATA-Statement (nicht ausführbar): Diese Anweisung kennzeichnet eine Programmeinheit als Initialisierungseinheit für benannte COMMON-Blöcke. Allgemeine Form ist

BLOCKDATA Name

Der Name ist nicht erforderlich. Wird er angegeben, darf er nicht mit dem Namen einer anderen Programmeinheit oder eines COMMON-Bereichs übereinstimmen. Er muß sich auch von allen lokalen Variablen des BLOCKDATA-Unterprogramms unterscheiden.

Innerhalb eines BLOCKDATA-Unterprogramms sind die Anweisungsarten COMMON, DATA, DIMENSION, EQUIVALENCE, IMPLICIT, PARAMETER und das abschließende END erlaubt.
COMMON-Variable können nur hier initialisiert werden.
Falls nicht alle Variablen eines COMMON-Blocks mit Startwerten versehen werden sollen, müssen dennoch alle COMMON-Plätze korrekt deklariert werden, die in dem fraglichen Block liegen.

– EQUIVALENCE-Statement (nicht ausführbar): Standardmäßig werden unterschiedlichen Variablen- und Array-Namen verschiedene Speicherplätze zugeordnet. Die EQUIVALENCE-Anweisung gestattet, einen Platz über unterschiedliche Namen anzusprechen. Allgemeine Form ist

  EQUIVALENCE (var 1, var 2, ..., var n)

  Hierin bedeuten var 1, var 2 usw. (gewöhnliche oder indizierte) Variablen. Die Gruppe der in Klammern stehenden Namen verweist auf einen einzigen Platz.
  Da Arrays zusammenhängend gespeichert werden, bedeutet die Aufnahme eines Arrayelementes in eine EQUIVALENCE-Anweisung eine Anordnungsvorschrift für den ganzen Array. Falls Elemente desselben Arrays benutzt werden, ist auf Widerspruchsfreiheit zu achten.
  Sollen weitere Plätze über verschiedene Namen ansprechbar sein, darf hinter der schließenden Klammer mit einem Komma und der eingeklammerten Namensliste für einen weiteren Platz fortgesetzt werden usw.
  Eventuelle Indizierungsvereinbarungen sowie Typdeklarationen für Namen aus einer Namensliste müssen oberhalb der EQUIVALENCE-Anweisung erfolgen.

*9.7 Unterprogrammtechnik

– SUBROUTINE-Statement (nicht ausführbar): Diese Anweisung kennzeichnet eine Programmeinheit als SUBROUTINE. Sie muß erstes Statement der Einheit sein. Allgemeine Form ist

  SUBROUTINE Name (Formalparameter)

  Der Name identifiziert die Programmeinheit. Er muß den FORTRAN-Namensregeln genügen. Der sonst mit einem Namen verbundene Datentyp hat hier keine Bedeutung.
  Die Parameterliste einschließlich der Klammern darf fehlen. Weitere Hinweise hierzu stehen unter „Parameterlisten“.

– CALL-Statement: der Aufruf einer SUBROUTINE erfolgt mit einer separaten Anweisung. Allgemeine Form ist

  CALL Name (Aktualparameter)

  Über den Namen wird die zu rufende SUBROUTINE identifiziert. Wie die Parameterliste aufgebaut sein muß, richtet sich nach der Kopfzeile der SUBROUTINE. Trägt diese keine Parameter, endet auch das CALL-Statement hinter dem Namen. Weitere Hinweise hierzu stehen unter dem Stichwort „Parameterlisten“.

- FUNCTION-Statement (nicht ausführbar): Diese Anweisung kennzeichnet eine Programmeinheit als FUNCTION. Sie muß 1. Statement der Einheit sein. Allgemeine Form ist

  Typkennwort FUNCTION Name (Formalparameter)

  Der Name identifiziert die Programmeinheit. Der Typ des Funktionswertes kann mit dem Typkennwort (s. Kap. 6, Stichwort Datentypen) vereinbart werden. Wird es weggelassen, gilt die Standardtypfestlegung für den Namen der FUNCTION. Beim Typ CHARACTER kann auch die Länge festgelegt werden.
  Die Parameterliste muß mindestens einen Parameter enthalten. Weitere Hinweise hierzu stehen unter dem Stichwort „Parameterlisten".
  Ihr Name stellt innerhalb der FUNCTION eine gewöhnliche Variable dar. Deren Wert im Moment der Rückkehr zur rufenden Stelle gilt als Funktionswert.
- Funktionsaufruf: Der Aufruf einer FUNCTION erfolgt durch Nennung von

  Name (Aktualparameter)

  in einem Ausdruck. Nach der Rückkehr aus der FUNCTION wird dieser Term durch den Funktionswert ersetzt und der Ausdruck weiter ausgewertet.
  Über den Namen wird die FUNCTION identifiziert. Die aktuellen Parameter müssen auf die in der Kopfzeile der FUNCTION aufgeführten Formalparameter abgestimmt sein (s. „Parameterlisten").
- Parameterlisten: In der Kopfzeile einer FUNCTION und einer SUBROUTINE können hinter dem Namen in Klammern gesetzte Formalparameter stehen, die dem Datenaustausch zwischen rufender und gerufener Programmeinheit dienen. Als Formalparameter sind Namen erlaubt. Falls mehrere auftreten, werden sie durch Kommas getrennt. Die formalen Namen können eine Variable, einen Array oder ein Unterprogramm darstellen.
  Wenn ein Unterprogramm Formalparameter enthält, müssen beim Aufruf entsprechend viele Aktualparameter angeliefert werden.

Formalparameter	erforderlicher Aktualparameter
Variable	Ausdruck (gleichen Datentyps)
Array	Array, der nicht kleiner dimensioniert ist als der formale, oder ein Arrayelement.
Unterprogramm	Name eines Unterprogramms, das in der Art, in der Struktur der Parameterliste und ggf. im Datentyp mit dem formalen übereinstimmt.

  Der Typ des Aktualparameters ist bei „Generic"-Funktionen in gewissen Grenzen frei wählbar.
  Beim Aufruf werden alle formalen Variablen mit den Werten der entsprechenden aktuellen Parameter versorgt. Nach der Rückkehr ins rufende Programm tragen die Variablen der Aktualparameterliste die letzten Werte der formalen Variablen.
  Bei der Übergabe an formale Arrays wird dem gerufenen Programm die Anfangsadresse des aktuellen Arrays (Arrayelements) mitgeteilt. Es wird direkt mit dem hier beginnenden, außerhalb der gerufenen Programmeinheit liegenden Datenbereich gearbeitet, wenn Elemente des formalen Arrays angesprochen werden.

Bei der Dimensionierung formaler Arrays dürfen daher anstatt der sonst geforderten Konstanten auch Formalparameter des Typs INTEGER verwendet werden.
Falls ein Unterprogramm COMMON-Anweisungen enthält, ist darauf zu achten, daß keine dem Unterprogramm zugängliche COMMON-Variable auch als Aktualparameter angeliefert wird.

- INTRINSIC-Statement (nicht ausführbar): Wenn der Name einer Standardfunktion (INTRINSIC-F.) als Aktualparameter genutzt werden soll und dieser Name vorher (in der aktuellen Programmeinheit) noch nicht als Funktionsname gebraucht wurde, muß er in einer INTRINSIC-Anweisung deklariert werden. Allgemeine Form ist

  INTRINSIC Name 1, Name 2 usw.

- EXTERNAL-Statement (nicht ausführbar): Wenn ein Name in einer Programmeinheit als Name eines individuellen (d.h. nicht INTRINSIC) Unterprogramms deklariert werden soll, wird er in einem EXTERNAL Statement aufgeführt. Allgemeine Form ist

  EXTERNAL Name1, Name2 usw.

  Benutzt wird dieses Statement, wenn der fragliche Name als Aktualparameter auftritt.
  Falls der Name einer Standardfunktion (INTRINSIC-F.) auch als Name eines individuellen Unterprogramms verwendet wurde und dieses anstelle der Standardfunktion aufgerufen werden soll, muß der betreffende Name in einer EXTERNAL-Anweisung auftreten.

- Formelfunktions-Vereinbarung (nicht ausführbar): Sofern sich die Vorschrift zur Ermittlung eines Funktionswertes auf einen Ausdruck beschränkt, kann die Funktion als „Formelfunktion" programmiert werden. Sie ist allerdings nur in der Programmeinheit verfügbar, in der die Vereinbarung codiert ist. Allgemeine Form ist

  Name (Formalparameter) = Ausdruck

  Anweisungen dieser Art müssen nach den Typdeklarationen und vor der ersten ausführbaren Anweisung stehen. CHARACTER ist als Typ nicht zugelassen.
  Die Schreibregeln für die Formalparameter (mindestens einer ist erforderlich) und den definierenden Ausdruck stehen unter den entsprechenden Stichwörtern. In dem Ausdruck dürfen auch vorher definierte Formelfunktionen angesprochen werden.
  Formalparameter haben mit eventuell vorhandenen Variablen gleichen Namens nichts zu tun.
  Für den Aufruf einer Formelfunktion gelten die unter dem Stichwort „Funktionsaufruf" genannten Regeln sinngemäß. Falls der definierende Ausdruck über die Formalparameter hinaus weitere Variablennamen enthält, werden die momentanen Werte der entsprechenden Variablen aus der umschließenden Programmeinheit herangezogen.

- RETURN-Statement: Diese Anweisung veranlaßt die Rückkehr in das rufende Programm, und zwar unmittelbar hinter die rufende Stelle. Allgemeine Form ist

  RETURN

  Da END die gleiche Wirkung hat, sollte auf RETURN verzichtet werden, damit in den Programmeinheiten logisches und physisches Ende übereinstimmen.

10 Lösungen der Aufgaben

3-a

```
PRINT *, 'KREIS-FLAECHE'
PI = ACOS(-1.)
R = -1
DOWHILE ( R.NE.0 )
  IF ( R.GT.0 ) THEN
    A = PI*R*R
    PRINT *, 'Flaeche = ',A
  ENDIF
  PRINT *, 'Gib Radius oder  0'
  READ *, R
ENDDO
END
```

3-b INTEGER: ________ REAL: ========

E35 | 3E5. | 3E + 5 | 3 * E5 | 3 * 10 ** 5 | 3E5

88 | 1,414 | 10 ↑ 2 | − 3. | − .3 | − .03E + 01

2.8 | 1,5 * 10 ↑ 2 | − 174 | 17/4

3-c INTEGER: ________ REAL: ========

OHNE | 2FEL | WERDEN | DEN | 1AMEN | AM | KL1TEN |

KLA4 | DER | N8BAR | W8ELN | 9AUGEN | UND | 11EN | SER4T |

ZEIGT | 1ICHT! | H11T | DAS | ER3CH | VON | 4SEN |

S8 | MIT | DEM | 3ZACK | ZU | DURCH7 |

3-d

X = U	X erhält den Wert von U
X − X = Ø	falsch
T2 = K − K	T2 wird auf 0 gesetzt
(A + B) ** 2 = A ** 2 + 2 * A * B + B ** 2	falsch

3-e

```
PRINT *, 'FLAECHENMOMENT F. BALKEN'
PRINT *, 'GIB BREITE, HOEHE'
READ *, B,H
FM2 = B * H**3 / 12
PRINT *, 'MOMENT 2. ORDNUNG IST ',FM2
END
```

3-f
```
PRINT *, 'PARALLELE WIDERSTAENDE'
PRINT *, 'GIB WIDERSTAENDE  R1 UND R-GESAMT (ODER  0 0)'
READ *, R1,RG
DOWHILE ( RG.LT.R1 )
  R2 = R1*RG / (R1-RG)
  PRINT *, 'WIDERSTAND R2 IST ', R2
  PRINT *
  PRINT *, 'GIB WIDERSTAENDE  R1 UND R-GESAMT (ODER  0 0)'
  READ *, R1,RG
ENDDO
END
```

4-a
```
*   Fuer den Test die Variablen mit Werten versorgen
        DATA D,U  / 1. , 3.1415926 /
*
        PRINT *, 'DURCHMESSER:',D
        PRINT *, 'UMFANG     :',U
        END
```

4-b
```
*   Fuer den Test die Variablen mit Werten versorgen
        DATA B,H  / 1. , 3. /
*
        PRINT *, 'ABMESSUNGEN'
        PRINT *
        PRINT *, B
        PRINT *, H
        END
```

4-c Der Datensatz 17 4 21 wird abgelehnt, weil die 3. Konstante keine Literalkonstante ist.

4-d
```
        PRINT *, 'DREIECKSFLAECHE, VORGABE DER ECK-KOORDINATEN'
        NEU = 1
        DOWHILE ( NEU.EQ.1 )
          PRINT *, ' X, Y FUER PUNKT A:'
          READ *, X1,Y1
          PRINT *, ' X, Y FUER PUNKT B:'
          READ *, X2,Y2
          PRINT *, ' X, Y FUER PUNKT C:'
          READ *, X3,Y3
          A = ((X2-X1)*(Y3-Y1) - (X3-X1)*(Y2-Y1)) / 2
*  Beachte:  A = 1/2 * ( ...     ist Integerdivision  !!!
          PRINT *, 'FLAECHE =',A
          PRINT *
          PRINT *, 'NEUE EINGABE = 1'
          READ *, NEU
        ENDDO
        END
```

4-e
```
PI = ACOS(-1.)
PRINT *, 'BRINELLHAERTE'
PRINT *, 'KUGELDURCHMESSER'
READ *, DK
PRINT *, 'KRAFT UND MULDENDURCHMESSER'
READ *, F,DM
H = (1+SQRT(1-(DM/DK)**2))*2*F/(PI*DM**2)
PRINT *, 'HAERTE =', H
END
```

4-f

```
*    Fuer den Test die Variablen mit Werten versorgen
          DATA D,U  / 100. , 314.15926 /
*
          PRINT 5, 'DURCHMESSER:',D
          PRINT 5, 'UMFANG     :',U
5         FORMAT ( 1X, A, F8.3 )
          END
```

4-g

```
*    Fuer den Test die Variablen mit Werten versorgen
          DATA D,U  / 100. , 314.15926 /
*
          PRINT 5, 'DURCHMESSER:',D, 'UMFANG     :',U
5         FORMAT ( 1X, A, F8.3 )
          END
```

4-h

1. Fassung:

```
      PRINT *, 'TABELLE VON M QUADRATZAHLEN, BEGINNEND BEI BASIS  N '
      PRINT *, 'GIB  1. BASIS N  UND  ZEILENZAHL M'
      READ *, N, M
      PRINT 2
2     FORMAT ( /1X, 'BASIS    QUADRAT')
      K = 1
      DOWHILE ( K.LE.M )
        NQ = N*N
        PRINT 3, N, NQ
3       FORMAT ( 1X,I5,1X,I10)
        N = N+1
        K = K+1
      ENDDO
      END
```

2. Fassung:

```
      PARAMETER ( MAX=1001 )
      DIMENSION NQ(MAX)
      PRINT *, 'TABELLE VON M QUADRATZAHLEN, BEGINNEND BEI BASIS  N '
      PRINT 1, 'GIB  1. BASIS N  UND  ZEILENZAHL M , ANZAHL MAX.',MAX
1     FORMAT ( 1X, A, I6 )
      READ *, NA, M
      IF ( M.LE.MAX ) THEN
        K = 1
        N = NA
        DOWHILE ( K.LE.M )
          NQ(K) = N*N
          N = N+1
          K = K+1
        ENDDO
        PRINT 3, (NA-1+K, NQ(K), K=1,M)
3       FORMAT ( /1X, 'BASIS    QUADRAT'/ ( 1X,I5,1X,I10) )
      ELSE
        PRINT *, 'ANZAHL UNZULAESSIG'
      ENDIF
      END
```

4-i 1. Fassung:

```
       CHARACTER EIN*10, KW*1
       PRINT *, 'DEMO-PROGRAMM   INTERNES LESEN'
       PRINT *, 'EINGABE FOLGENDER SATZARTEN IN BELIEBIGER ABFOLGE:'
       PRINT *, 'I UND 9-STELLIGE INTEGERZAHL'
       PRINT *, 'R UND 9-STELLIGE REALZAHL'
       PRINT *, 'TYP ZAHL UND DEREN DOPPELTES WERDEN AUSGEGEBEN'
       PRINT *, 'E   IN POSITION 1 BEENDET DAS PROGRAMM'
       KW = 'A'
       DOWHILE ( KW.NE.'E' )
         PRINT *, 'BITTE EINGEBEN'
         READ '(A)', EIN
         KW = EIN( :1)
         IF ( KW.EQ.'I' ) THEN
           READ ( EIN(2:), '(I9)' ) IZ
           IZ2 = IZ*2
           PRINT *, 'INTEGER',IZ,IZ2
         ELSEIF ( KW.EQ.'R' ) THEN
           READ ( EIN(2:), '(F9.0)' ) RZ
           RZ2 = RZ*2
           PRINT *, 'REAL    ',RZ,RZ2
         ENDIF
       ENDDO
       END
```

2. Fassung:

```
       CHARACTER EIN*10, KW*1
       PRINT *, 'DEMO-PROGRAMM  FUER  TYPKONVERTIERUNG'
       PRINT *
       PRINT *, 'EINGABE FOLGENDER SATZARTEN IN BELIEBIGER ABFOLGE:'
       PRINT *, 'I UND 9-STELLIGE INTEGERZAHL'
       PRINT *, 'R UND 9-STELLIGE REALZAHL'
       PRINT *, 'TYP ZAHL UND DEREN DOPPELTES WERDEN AUSGEGEBEN'
       PRINT *, 'E   IN POSITION 1 BEENDET DAS PROGRAMM'
       KW = 'A'
       DOWHILE ( KW.NE.'E' )
         PRINT *, 'BITTE EINGEBEN'
         READ '(A)', EIN
         KW = EIN( :1)
         IF ( KW.EQ.'I' ) THEN
*   Statusvariable
           READ ( EIN(2:), '(I9)', IOSTAT=MIST ) IZ
           IF ( MIST.EQ.0 ) THEN
             IZ2 = IZ*2
             PRINT *, 'INTEGER',IZ,IZ2
           ELSE
             PRINT *, EIN(2:), ' IST NICHT INTEGER'
           ENDIF
         ELSEIF ( KW.EQ.'R' ) THEN
*   Errorparameter
           MIST=1
           READ ( EIN(2:), '(F9.0)', ERR=1 ) RZ
           MIST=0
1          IF ( MIST.EQ.0 ) THEN
             RZ2 = RZ*2
             PRINT *, 'REAL    ',RZ,RZ2
           ELSE
             PRINT *, EIN(2:), ' IST NICHT REAL'
           ENDIF
         ELSEIF ( KW.NE.'E' ) THEN
           PRINT *, KW,' IST UNZULAESSIGER TYP'
         ENDIF
       ENDDO
       END
```

4-j
```
      CHARACTER SATZ*80,GA*4,GN*4
      PRINT *, 'DEMO-PROGRAMM    ''GRUPPENWECHSEL'' '
      PRINT*, 'WELCHEN KANAL LESEN ?'
      READ *, KEIN
      PRINT *, 'GRUPPE   TEILEZAHL      KOSTEN'
      GA = ' '
      GN = 'A'
      DOWHILE ( GN.NE.' ' )
        GN = ' '
        READ ( KEIN, '(A)', END=1 ) SATZ
        GN = SATZ(1:4)
1       IF ( GN.NE.GA .AND. GA.NE.' ' ) THEN
*  SCHLUSSBEARBEITUNG  FUER ALTE GRUPPE
          PRINT 2, GA, N, HK
2         FORMAT(3X,A,7X,I5,2X,F10.2)
        ENDIF
        IF ( GN.NE.GA .AND. GN.NE.' ' ) THEN
*  ANFANGSBEARBEITUNG FUER NEUE GRUPPE
          N  = 0
          HK = 0
          GA = GN
        ENDIF
        IF ( GN.NE.' ' ) THEN
*  AKTUELLEN SATZ VERARBEITEN
          READ ( SATZ(10:19),'(F10.2)', ERR=9 ) HKT
*          hier werden nur korrkte Saetze gezaehlt
          HK = HK + HKT
          N = N+1
9       ENDIF
      ENDDO
      END
```

5-a ROSE, ROST, MOST, MAST

5-b
```
      PRINT *, 'BALKEN MIT PUNKTLASTEN'
      PRINT *, 'GIB STUETZWEITE'
      READ *, W
      DOWHILE ( W.GT.0 )
        SF = 0
        SM = 0
        XI = 0
      PRINT *, 'JEWEILS KRAFT UND ANGRIFFSPUNKT, ZUM SCHLUSS  0 0'
      PRINT *, 'BEI 1. KRAFT ABSTAND VOM LINKEN LAGER, SONST ABSTAND VON'
      PRINT *, 'ZUVOR EINGEGEBENER KRAFT'
        F  = 1
        DOWHILE ( F.NE.0 )
          READ *,F,DX
          SF = SF + F
          XI = XI + DX
          SM = SM + F*XI
        ENDDO
        FB = -SM / W
        FA = -FB - SF
        PRINT *, '      LINKS          RECHTS'
        PRINT *, FA,FB
        PRINT *, 'GIB STUETZWEITE   (ODER 0 = ENDE)'
        READ *, W
      ENDDO
      END
```

5-c

```
1. Fassung:
PI2 = ASIN(1.)
PRINT *, 'DEMO-PROGRAMM:  3-WEGE-ALTERNATIVE'
PRINT *, 'ARGUMENT'
READ *,X
IF ( X.LT.0 ) THEN
  F = EXP ( X )
ELSEIF ( X.LE.1 ) THEN
  F = COS ( PI2*X )
ELSE
  F = LOG( X )
ENDIF
PRINT *, 'FUNKTIONSWERT',F
END


2. Fassung:
PRINT *, 'DEMO-PROGRAMM: ''3-WEGE-ALTERNATIVE'' '
PI2 = ASIN(1.)
K   = 1
DOWHILE ( K.NE.0 )
  PRINT *, 'ARGUMENT'
  READ *,X
  IF ( X.LT.0 ) THEN
    F = EXP ( X )
  ELSEIF ( X.LE.1 ) THEN
    F = COS ( PI2*X )
  ELSE
    F = LOG( X )
  ENDIF
  PRINT *, 'FUNKTIONSWERT :',F, ' . Gib  0 = ENDE, sonst weiter'
  READ *, K
*  WEIL JEDER WERT VON X ALS ARGUMENT SINNVOLL IST, ERFORDERT DIE STEUERUNG
*  EINE WEITERE EINGABE
ENDDO
END
```

5-d

```
CHARACTER *70 TEXT(5)
PI = ACOS(-1.)
PRINT *, 'BRINELLHAERTE MIT DATENPRUEFUNG'
MIST = -1
DOWHILE ( MIST.NE.0 )
  IF ( MIST.EQ.-1 ) THEN
    PRINT *, 'KUGELDURCHMESSER'
    MIST = 1
  ENDIF
  READ *, DK
  IF ( DK.GT.0 ) THEN
    MIST = 0
  ELSE
    PRINT *, 'MUSS POSITIV SEIN'
  ENDIF
ENDDO
```

5-d Fortsetzung

```
*  FUER KONTROLLE UND MELDUNG GIBT ES VIELE LOESUNGS-VARIANTEN

      TEXT(1)='KRAFT UND MULDENDURCHMESSER'
      TEXT(2)='KRAFT MUSS POSITIV SEIN'
      TEXT(3)='MULDE ZU GROSS'
      TEXT(4)='MULDE ZU KLEIN'
      M = 1
      DOWHILE ( M.NE.0 )
          PRINT *, TEXT (M)
        READ *, F,DM
        IF ( F.LE.0 ) THEN
          M = 2
        ELSEIF ( DM.GE.DK ) THEN
          M = 3
        ELSEIF ( DM.LE.0 ) THEN
          M = 4
        ELSE
          M = 0
        ENDIF
      ENDDO
      H = (1+SQRT(1-(DM/DK)**2))*2*F/(PI*DM**2)
      PRINT *, 'HAERTE =', H
      END
```

5-e

```
      PRINT *, 'SCHWERPUNKT EINES RAEUMLICHEN PUNKTMASSENSYSTEMS'
      PRINT *, 'ANZAHL DER MASSEN'
      READ  *, N
      SM = 0
      XM = 0
      YM = 0
      ZM = 0
      PRINT *,'MASSE  UND  X-, Y-, Z- KOORDINATE'
      DO  11  K = 1,N
        READ *, EM,X,Y,Z
        SM = SM + EM
        XM = XM + EM*X
        YM = YM + EM*Y
        ZM = ZM + EM*Z
11    CONTINUE
      XS = XM/SM
      YS = YM/SM
      ZS = ZM/SM
      PRINT 3, XS,YS,ZS
3     FORMAT (' SCHWERPUNKTSKOORDINATEN: X-, Y-, Z- WERT'
     2     /3(1X,F10.2) )
      END
```

5-f

```
      PRINT*, 'DYNAMISCH-AEQUIVALENTE-BELASTUNG VON LAGERN'
      PRINT *, 'WIEVIEL BELASTUNGSSTUFEN ?'
      READ *, N
      Q = 0
      P = 0
      PRINT *, 'PRO STUFE: BELASTUNG UND ZEITANTEIL'
      DO  22  K=1,N
        READ *, PI, QI
        Q = Q + QI
        P = P + PI**3 * QI
22    CONTINUE
      P = (P/Q)**(1./3)
      PRINT 33, P
33    FORMAT (1X, 'DYNAMISCH-AEQUIVALENTE BELASTUNG=', 1P,E13.5)
      END
```

6-a

```
      DIMENSION X(10), Y(10)
      PRINT *, 'SKALARPRODUKT'
      PRINT *, 'Gib Komponentenzahl zwischen 1 und 10'
      READ *, N
      PRINT *, 'Gib die Komponenten des 1. Vektors'
      READ *, (X(I),I=1,N)
      PRINT *, 'Gib die Komponenten des 2. Vektors'
      READ *, (Y(I),I=1,N)
      SP = 0
* WENN DO-SCHLEIFE NOCH NICHT BEKANNT, KAP. 4 LESEN ODER DOWHILE NEHMEN
      DO 15 K=1,N
        SP = SP + X(K)*Y(K)
15    CONTINUE
      PRINT *, 'Skalarprodukt ist', SP
      END
```

6-b

```
      DIMENSION A(3,4)
      PRINT *, 'DEMO-PROGRAMM INDEX-GEBRAUCH, MATRIX SPALTENW. LESEN'
      PRINT *, ' 3 Werte pro Spalte'
      DO 20 K=1,4
         PRINT *, 'Gib Spalte',K
         READ *, ( A(I,K),I=1,3 )
20    CONTINUE
      PRINT *, '  Gelesene Matrix'
      DO 30 I=1,3
         PRINT *, ( A(I,K),K=1,4 )
30    CONTINUE
      END
```

6-c 1, 0, 3, 2, 2, 5

6-d

```
      CHARACTER *80 ENDE
      DIMENSION X(3),Y(3)
      LOGICAL MAN, MAP
      PRINT *, 'PRUEFUNG, OB PUNKT IN VORGEGEBENEM DREIECK'
      PRINT *, 'GIB 3 SAETZE MIT (X,Y)-KOORDINATEN DER ECKPUNKTE'
      READ *, ( X(I),Y(I), I=1,3 )
      PRINT *, 'GIB TESTPUNKT IN DER FORM     X,Y/
      PRINT *, 'ZUR BEENDIGUNG GIB              , , ''E''  '
      ENDE = ' '
      MAN  = .TRUE.
      MAP  = .TRUE.
      READ *, XO, YO, ENDE
      DOWHILE ( ENDE.EQ.' ' )
        DO  10  I=1,3
          K = 1 + MOD(I,3)
          A = (YO-Y(I))*(X(K)-X(I))-(Y(K)-Y(I))*(XO-X(I))
          MAP = MAP .AND. A.GE.0
          MAN = MAN .AND. A.LE.0
10      CONTINUE
* Punkt liegt innen, wenn die 3 Vorzeichen gleich sind
        IF ( MAP .OR. MAN )THEN
          PRINT *, 'LIEGT IM DREIECK'
        ELSE
          PRINT *, 'LIEGT AUSSERHALB'
        ENDIF
        READ *, XO, YO, ENDE
      ENDDO
      END
```

6-e
```
      SUBROUTINE ITERDO (XN,EPS,PHI,NOK)
      IMPLICIT DOUBLEPRECISION  (A-H),(O-Z)
      NOK = 0
      XA  = XN + EPS*ABS(XN)+1
      DOWHILE (ABS(XN-XA).GT.EPS*ABS(XN) .AND. NOK.GE.0)
        XAA=XA
        XA  = XN
        XN  = PHI(XA)
        NOK = NOK + 1
        IF ( NOK.GT.1 .AND. ABS(XN-XA).GE.ABS(XA-XAA) ) NOK=-NOK
      ENDDO
      END

      DOUBLEPRECISION FUNCTION FUN (X)
      DOUBLEPRECISION X
*  LOESUNG DER GLEICHUNG  EXP(X) = 1 + COS(X)
      FUN =  LOG ( 1 + COS(X) )
      END


      DOUBLEPRECISION START, FUN
      CHARACTER *1, WATNU
      EXTERNAL  FUN
      PRINT *,'DOPPELT GENAUE LOESUNG VON  X=PHI(X)'
      WATNU=' '
      DOWHILE (WATNU.NE.'E')
        PRINT * , 'GIB STARTWERT'
        READ * , START
        CALL ITERDO (START, 1D-14, FUN, N)
        IF ( N.GT.0 ) THEN
          PRINT * , 'LOESUNG:', START, N, ' DURCHLAEUFE'
        ELSE
          PRINT * , 'KONVERGENZBEDINGUNG VERLETZT' , N
        ENDIF
        PRINT * , 'E-->ENDE, SONST-->LESEN STARTWERT'
        READ '(A)', WATNU
      ENDDO
      END
```

6-f
```
      COMPLEX J/(0,1)/, C
      PRINT *, 'AN  EULER-GLEICHUNG  GEBRAUCH KOMPLEXER ZAHLEN PROBEN'
      PRINT *, 'GIB REELLES ARGUMENT ( 0 = ENDE )'
      READ *, X
      DOWHILE ( X.NE.0 )
        C=EXP(J*X)
        RE = C
        AIM = AIMAG ( C )
        PRINT 1, RE,COS(X),AIM,SIN(X)
1       FORMAT(1X, 4F10.5)
        READ *, X
      ENDDO
      END
```

7-a

```
      F(X) = 1 + SIN( X )
      PRINT *, 'INTEGRAL NACH SEHNENTRAPEZMETHODE'
      PRINT *, 'GIB INTEGRATIONSGRENZEN (BEIDE GLEICH = ENDE)'
      READ *, A, B
      DOWHILE ( A.NE.B )
        PRINT *, 'GIB ANZAHL DER STREIFEN'
        READ *, N
        H = (B-A) / N
        S = (F(A)-F(B))*0.5
*  WENN SCHON BEKANNT, BESSER  DO-SCHLEIFE  STATT  DOWHILE
        I = 1
        DOWHILE ( I.LE.N)
          S = S + F(A+I*H)
          I = I+1
        ENDDO
        S = H*S
        PRINT *, 'NAEHERUNG=',S
        PRINT *, 'GIB INTEGRATIONSGRENZEN (BEIDE GLEICH = ENDE)'
        READ *, A, B
      ENDDO
      END
```

7-b

```
      FUNCTION FSTF (A,B,N)
*  INTEGRAL NACH SEHNENTRAPEZMETHODE
      F(X) = 1 + SIN( X )
      H = (B-A) / N
      S = (F(A)-F(B))*0.5
*  WENN SCHON BEKANNT, BESSER  DO-SCHLEIFE  STATT  DOWHILE
      I = 1
      DOWHILE ( I.LE.N)
        S = S + F(A+I*H)
        I = I+1
      ENDDO
      FSTF = H*S
      END

      PRINT *, 'INTEGRAL NACH SEHNENTRAPEZMETHODE'
      PRINT *, 'GIB INTEGRATIONSGRENZEN'
      READ *, UG, OG
      PRINT *, 'GIB ANZAHL DER STREIFEN'
      READ *, N
      DOWHILE ( N.GT.0 )
        S = FSTF ( UG,OG,N )
        PRINT *, 'NAEHERUNG=',S
        PRINT *, 'GIB ANZAHL DER STREIFEN ( 0 = ENDE)'
        READ *, N
      ENDDO
      END
```

7-c Beide Fassungen sind sinnvoll. Falls das Unterprogramm auch eine Kontrolle der Eingangsparameter durchführen soll, wird wegen der zusätzlichen Fehlersituation die SUBROUTINE vorgezogen.

7-d
```
      CHARACTER *(*) FUNCTION DATUM1 ( TE )
*  TTJJMM WIRD GEDREHT IN JJMMTT, ' T...' WIRD ZU 'OT...'
*  FALLS FUER L DER MIT UP 'KERN' ERMITTELTE FUELLSTAND GENOMMEN WIRD, WIRD
*  MIT  TTMM  UND  TTMMJJJJ  ANALOG VERFAHREN
      CHARACTER *(*) TE
      L = LEN(TE)
      IF ( MOD(L,2).EQ.0 ) THEN
        IF ( TE(1:1).EQ.' ' .AND. TE(2:2).NE.' ' ) TE(1:1) = '0'
*  HIER GGF. KERN AUS AUFGABE 7-E RUFEN
        IF ( L.GT.4 ) THEN
          DATUM1 = TE(5:L) // TE(3:4) // TE(1:2)
        ELSE
          DATUM1 = TE(3:4) // TE(1:2)
        ENDIF
      ELSE
        DATUM1 = ' '
      ENDIF
      END

*  TESTMAIN
      CHARACTER*6 DATUM1,  DAT
      PRINT *, 'DEMO-PROGRAMM FUER CHARACTER-MANIPULATION'
      DAT = '1'
      DOWHILE ( DAT(1:1).NE.' ' )
        PRINT *, 'GIB DATUMSSTRING  TTMMJJ (LEER = ENDE)'
        READ '(A)', DAT
        DAT = DATUM1( DAT )
        PRINT *, DAT
      ENDDO
      END
```

7-e
```
      SUBROUTINE KERN (TEXT,L)
      CHARACTER *(*) TEXT
      L = LEN(TEXT)
      DOWHILE ( L.GT.0 .AND. TEXT(L:L).EQ.' ' )
        L = L-1
      ENDDO
      IF ( L.GT.0) THEN
        LL = 1
        DOWHILE ( TEXT(LL:LL).EQ.' ' )
          LL = LL+1
        ENDDO
        TEXT = TEXT(LL:L)
        L = L+1-LL
      ENDIF
      END

*  TESTMAIN
      CHARACTER *80  TE
      PRINT *, 'FUEHRENDE BLANKS AUS STRING ENTFERNEN'
      N=1
      DOWHILE ( N.GT.0 )
        PRINT *, 'GIB ZEICHENKETTE  (NUR BLANKS = ENDE)'
        READ '(A)',TE
        CALL KERN(TE,N)
        IF ( N.GT.0 ) PRINT *, TE(1:N),N,' ZEICHEN BELEGT ("LOG. LAENGE")'
      ENDDO
      END
```

7-f
```
      SUBROUTINE ITERKO (XN,EPS,PHI,NOK)
      NOK = 0
      XA  = XN + EPS*ABS(XN)+1
      DOWHILE (ABS(XN-XA).GT.EPS*ABS(XN) .AND. NOK.GE.0)
        XAA=XA
        XA  = XN
        XN  = PHI(XA)
        NOK = NOK + 1
        IF ( NOK.GT.1 .AND. ABS(XN-XA).GE.ABS(XA-XAA) ) NOK=-NOK
      ENDDO
      END

      FUNCTION FUN (X)
*  LOESUNG DER GLEICHUNG  EXP(X) = 1 + COS(X)
      FUN =  LOG ( 1 + COS(X) )
      END


      CHARACTER *1, WATNU
      EXTERNAL  FUN
      PRINT *, 'GLEICHUNG DER FORM  X=PHI(X)  LOESEN'
      WATNU=' '
      DOWHILE (WATNU.NE.'E')
        PRINT * , 'GIB STARTWERT'
        READ * , START
        CALL ITERKO (START, 1E-6, FUN, N)
        IF ( N.GT.0 ) THEN
          PRINT * , 'LOESUNG:', START, N, ' DURCHLAEUFE'
        ELSE
          PRINT * , 'KONVERGENZBEDINGUNG VERLETZT' , N
        ENDIF
        PRINT * , 'E-->ENDE, SONST-->LESEN STARTWERT'
        READ '(A)', WATNU
      ENDDO
      END
```

7-g
```
      FUNCTION  HORNER ( N,A,X )
*   N   = Polynomgrad
*   A   = Array mit Koeffizienten ( konstanter,linearer,quadr. usw. Term )
*   X   = Argument
      DIMENSION A(0:N)
      H = 0
      DO  5  K = 0,N
        H = H * X  + A(N-K)
5     CONTINUE
      HORNER = H
      END


*  TESTMAIN
      CHARACTER *1, T
      PARAMETER (NM=11)
      DIMENSION  W(NM)
      PRINT *, 'FUNKTIONSWERTE AUS POLYNOM'
      PRINT *, 'Polynomgrad,   <0 --> Ende'
      READ *, N
      DOWHILE ( N.GE.0 .AND. N.LT.NM )
        PRINT *, 'A0,A1,A2,...,An'
        READ *, (W(L+1), L=0,N)
        T = ' '
        DOWHILE  ( T.NE.'E' )
          PRINT *, 'Argument'
          READ *, X
          WERT = HORNER ( N,W,X )
```

7-g Fortsetzung

```
*   WENN  FORMAT  NOCH NICHT BEKANNT, ERST KAPITEL 4 UND ABSCHNITT 9.4 ANSEHEN
*   BESONDERS AUF DEN SKALENFAKTOR  1P  ACHTEN
            PRINT 2, X, WERT
2         FORMAT(7X,'X',9X,'F(X)'/1X,F10.3,1P,E14.6,9X,
     1         'E-->Lesen Grad, sonst-->Lesen Argument')
            READ '(A)' , T
          ENDDO
          PRINT *, 'Polynomgrad,   <0 --> Ende'
          READ *, N
        ENDDO
        END
```

7-h

```
      PARAMETER  (MMAX=1000)
      DIMENSION P(MMAX)
      PRINT *
      PRINT *, 'MATRIZEN-MULTIPLIKATION, "DYNAMISCHE" DIMENSIONIERUNG'
      PRINT *, 'A=(I,J)-MATRIX, B=(J,K)-MATRIX '
      PRINT *, 'GIB  I,J,K  (ODER  0 /)'
      READ *, I,J,K
      DOWHILE ( I.GT.0 )
        NA = I*J
        NB = J*K
        M  = NA+NB+I*K
        IF ( M.LE.MMAX ) THEN
          CALL MAMU (P(1),I,J,P(1+NA),J,K,P(1+NA+NB),I,K)
        ELSE
          PRINT *, M, '  PLAETZE NOETIG, VERFUEGBAR NUR', MMAX
        ENDIF
      PRINT *
      PRINT *, 'GIB  I,J,K  (ODER  0 /)'
      READ *, I,J,K
      ENDDO
      END

      SUBROUTINE MAMU ( A,IAZ,IAS,B,IBZ,IBS,C,ICZ,ICS )
      DIMENSION A(IAZ,IAS), B(IBZ,IBS), C(ICZ,ICS)
*  JETZT MATRIZEN A UND B LESEN, MULTIPLIZIEREN, C AUSGEBEN
      PRINT *, 'GIB MATRIX  A   ,  ZEILENWEISE'
*  WENN  DO-SCHLEIFE  NOCH NICHT BEKANNT,  ERST KAPITEL 5 ANSEHEN
      DO  20  K=1,IAZ
        READ *, (A(K,L),L=1,IAS)
20    CONTINUE
      PRINT *, 'JETZT MATRIX  B,  ZEILENWEISE'
      DO  30  K=1,IBZ
        READ *, (B(K,L),L=1,IBS)
30    CONTINUE

      DO  60  K=1,IAZ
        DO  50  L=1,IBS
          SUM=0
          DO  40  M=1,IAS
            SUM = SUM + A(K,M)*B(M,L)
40        CONTINUE
          C(K,L) = SUM
50      CONTINUE
60    CONTINUE
*  AUSGABE
      PRINT *, 'PRODUKTMATRIX:'
      DO  70  K=1,IAZ
        PRINT *, (C(K,N),N=1,IBS)
70    CONTINUE
      END
```

Literaturverzeichnis

[1] Boehm, C., Jacopini, G.: Flow Diagrams, Turing Machines and Languages with only Two Formation Rules, Comm. ACM 9, No. 5 (1966)

[2] Dijkstra, E. W.: Goto-Statement Considered Harmful, Comm. ACM 11, No. 3 (1968)

[3] Nassi, I., Shneiderman, B.: Flowchart Techniques for Structured Programming, SIGPLAN Notices, Vol. 8 (1973)

[4] Jordan, W., Urban, H.: Strukturierte Programmierung, Springer-Verlag, Berlin (1978)

[5] Oetzmann, G.: Entwerfen von Programmen, Vieweg-Verlag, Braunschweig (1985)

[6] DIN 44300: Begriffe der Informationsverarbeitung

[7] DIN 66027: Programmiersprache FORTRAN

[8] DIN 66261: Sinnbilder für Struktogramme nach Nassi-Shneiderman

Sachwortverzeichnis